James Gibson

THE NEW DARE TO DISCIPLINE

DARE

爱与管教的平衡

[美] 詹姆士·杜布森 著 / 裴彤 王跃进 译 / 钱红林 译校

勇于管教

第二版

Dr. James Dobson

华东师范大学出版社
·上海·

图书在版编目（CIP）数据

　　勇于管教 /（美）詹姆士·杜布森著；裴彤，王跃进译 . -- 2 版 . -- 上海：华东师范大学出版社，2021

　　ISBN 978-7-5760-1529-4

　　Ⅰ.①勇… Ⅱ.①詹… ②裴… ③王… Ⅲ.①家庭教育 Ⅳ.① G78

中国版本图书馆 CIP 数据核字 (2021) 第 125385 号
上海市版权局著作权合同登记 图字：09-2009-543 号

勇于管教（第二版）

著　　　者	〔美〕詹姆士·杜布森
译　　　者	裴　彤　王跃进
译　　　校	钱红林
责任编辑	孔　灿
责任校对	林文君　时东明
封面设计	奇文云海
版式设计	奇文云海　冯逸珺
出版发行	华东师范大学出版社
社　　　址	上海市中山北路 3663 号　　　邮编　200062
网　　　址	www.ecnupress.com.cn
电　　　话	021-60821666　　　行政传真　021-62572105
客服电话	021-62865537　　　门市（邮购）电话 021-62869887
地　　　址	上海市中山北路 3663 号华东师范大学校内先锋路口
网　　　店	http://hdsdcbs.tmall.com
印　刷　者	上海昌鑫龙印务有限公司
开　　　本	787×1092　16 开
印　　　张	15.5
字　　　数	175 千字
版　　　次	2021 年 10 月第 2 版
印　　　次	2022 年 5 月第 2 次
书　　　号	ISBN 978-7-5760-1529-4
定　　　价	59.80 元
出 版 人	王　焰

（如发现本版图书有印订质量问题，请寄回本社客服中心调换或电话 021-62865537 联系）

—

谨以此书献给

我的孩子丹妮、瑞安和他们的母亲雪莉

并将我的生命也献给他们

（本书英文第一版写于1970年，20多年后重新修订）

—

目 录

c o n t e n t s

洞察孩子复杂心理与人性
解决家庭管教与学校管教难题

—

不久前，一位河北教师从网上花高价买到《勇于管教》旧书，读后给北京市爱加倍关爱家庭促进中心致电：

> 《勇于管教》这本书特别好。目前市面上可以找到的育儿信息很多，但是很多理念是特别不适用的，甚至起到反效果。自从看了《勇于管教》这本书，发现这本书的育儿理念特别适合家长，想到自己之前在育儿的道路上走了很多弯路，而且身边很多朋友还在受其他育儿理念的影响也在走弯路，所以《勇于管教》的育儿理念需要大力推广，让更多的中国家庭受益。

这位读者显然读了不止一本关于管教的书，并希望《勇于管教》尽快再版。青岛一名家长的《勇于管教》读后感说：

> 这是一本关于父母和孩子的书，也是关于老师和学生的书。管

教不是对父母之爱的破坏，管教本身就是父母之爱的一种功能，适宜的惩罚不是父母为了发泄对孩子的愤怒，而是为了让孩子能够从中受益。各种诱惑扑面而来，而孩子们的分辨能力并不高，网络游戏天天想着让孩子们如何入迷。面对诱惑，不勇于管教，父母和老师就放弃了自身的责任。

一位不知身处何地的读者在网上留言：看了这本书，我知道了父母的诫命、管教的尺度、最有效又简单的工具。我困惑许久的问题终于有了最务实的答案。对于我这样在管教中负疚、在纵容里困惑的家长，它让我找到了自己的使命。还有读者直言："虽然不认同作者的节欲观点，但是我从这本书上学到了很重要的东西：教育的终极目标是让孩子为自己的行为负责。爱或管教都是围绕这一终极目标而进行的。我以前的教育方式太松散，这本书告诉了我：在无秩序的环境中，是无法学习进步的。"全书用了很多例子来说明问题，属于经验之谈，浅显易懂、趣味性强，适合各种场景阅读。

如睿智的读者所言，《勇于管教》内容极其丰富，结构却也清晰明快地分成两大部分，分别谈在家中如何管教孩子、在学校中如何管教学生，其中又各自处理了出现对立与冲突、没有对立与冲突这两类情境。此书2009年在中国问世后已印刷9次，再次重版之际我更加坚信：《勇于管教》适合两类读者，第一类是没有读过管教类书籍的，第二类是读过别的管教类出版物的。为什么这么说呢？

因为管教儿女与管教学生是世界性难题，知难行更难。杜布森博士并不淡化困难，而是提炼出克难的若干项认知工具和行动策略。我们一一分说。

第一个难，作出判断之难。

先进入一个最常见的场景当中。

2岁的二宝喝了一大口牛奶，花骨朵般可爱的小嘴噘起来，奋力将奶吐到妈妈的新衣服上。浩瀚宇宙一下子安静下来，千万星辰旁观，面色红润、像天使一般可爱的二宝也看着沮丧的妈妈和呆立一旁的爸爸，静等下一步事态发展。

年轻父母如何应对？一笑置之，还是施以管教？这南辕北辙的不同处理，背后是理念与方法之争，足以引爆无数次夫妻对吵、两代大战。这就是《勇于管教》首先直面的难题：管教中的对立与冲突。

你首先得有一种清醒的意识，我称之为人性现实主义，这是受种族现实主义这个词启发想到的一个词。可惜，这是一种稀缺的现实主义。

是的，孩子的错误常是无心之过，需要成年人细心体察与理解帮助。但有时可爱的大宝与二宝也会叫板父母：吃饭不吃饭，看谁说了算。孩子们看上去纯洁如世外桃源的春雨初雪，心里却盘算着如何让外表严肃的父母放弃原则。这时候，你的应对就离不了人性现实主义——当父母的人人应追求的睿智和常识。人性现实主义，就是《勇于管教》的作者杜布森博士所秉持的人性观：数千年来，每个人幼年有时会展现人性中最桀骜不驯的一面，1岁半后就可能公然知错犯错，借此考验父母是否值得尊重和服从。

与人性现实主义相对的人性浪漫主义，乃是才华横溢的思想家卢梭相信的观点：人的天性健康完美，犯罪出错皆因问题多多的社会文化使人性受到影响而被扭曲。很多读者久仰卢梭大名，却不知他并没有亲自验证自己的育儿理论，五个亲生的孩子都被父亲卢梭送进了孤儿院。

人性现实主义与人性浪漫主义，都是极其复杂的哲学命题，哲学家慢慢悠悠地研究半辈子也不能穷尽。但是，如何应对那位故意吐奶的孩子，年轻父母必须在10-20秒内拿定主意，所以世界需要杜布森博士这本书。1960年代前后，性解放运动将美国的传统育儿观念冲得稀里哗啦，此情此景中国也在上演中。当时年轻的发展心理学博士杜布森敏锐地觉察到，美国父母与教师因为不敢管教和不会管教而陷入育儿困境，所以写下此书并于1970年出版，此书一炮打响，2009年前全球已发行300多万册。

此书开宗明义，勇敢面对体现于孩子身上的人性现实主义——再可爱的孩子也可能知错犯错。时至今天，在美国和中国，关于管教的书籍、课程与培训不胜枚举，但是清晰、有力地处理了这个问题的作者则少而又少。你的管教行为，如果不能面对孩子的善恶交织的真实人性、真真假假的复杂内心，就不可能帮助他们处理成长中的诸多问题。我敢说，哪怕你不同意他的观点，也能借助此书深入地思考管教、冲突与人性的问题。

第二个难，选择方法之难。

营养过剩与肥胖症，早已取代营养不良成为育儿中的困难事。同样，管教孩子与学生，相互矛盾的方法太多，也造成了选择困境。

美国耶鲁大学第23任校长彼得·沙洛维是心理学家，"中国学生发展核心素养"研究领军人物林崇德也是资深心理学教授，我还用再列举例子吗？结论是明明白白的，这是心理学在教育领域大获全胜的时代。开始写这本书时的杜布森博士，是南加利福尼亚大学医学院儿童发展学的年轻教授，后来创办了一家保护家庭的机构，至今仍是执业心理咨询师，他对于心理学知识和方法的态度，更值得热爱学习的中国家长借鉴。

　　有别于将心理理论和实验奉为"圣经"的做法，他对心理学的成果有分辨地吸纳。诚实的研究者必须承认，心理学体系繁多，自身矛盾重重。被称为心理学的当代面孔与声音的津巴多说，6个主要的视角主导着现代心理学，分别是生物学、认知、行为主义、全人、发展与社会文化，每种视角都衍生出了有关心理与行为的诸多概念。换句话说，每种视角，都独立发展出自己的小宇宙。家长和老师如果拜倒在心理学美丽的石榴裙下，遇到心理学解决方案自相矛盾时，往往闭着眼选一个了事，事后陷入知识虚无感中，久久不能释怀。杜布森博士也不同于将心理学弃之如魔鬼的极端保守人士，因为务实的人会发现，现代心理学在观察人类的心理现象方面确有独到之处，一些实验和心理工具也给人以启发。杜布森博士的做法是，从历代以来的育儿智慧和犹太教、基督教价值观那里找到基本观点，以此来驾驭野蛮生长、肆意横行的现代心理学流派。

　　举个例子吧，本书在讲完家庭管教中的冲突与对立后，又谈到在没有对抗的情况下如何引导孩子、让孩子更有责任感，这时杜布森博士较多地引用了心理学的实验与工具。第五章"神奇的工具（一）"、第六章"神奇的工具（二）"，他娴熟地运用了第一位教育心理学家桑代克所提出的强化定律。同时，他也与从桑代克的理论发展出来的行为主义理论客客气气地保持距离，明确拒绝它的一个推断：心灵是不存在的。杜布森博士就是这样善于"吃鱼吐刺"的平衡高手，书中举出若干有长度、有深度的事例，甚至不惜自我暴露，为的是示范如何从多种方法中作出选择。因此，从这本书中不仅可以学到与管教有关的心理学知识，更能学到如何用好心理学的方法。

　　第三个难，付诸行动之难。

情感之难。

"父亲太爱自己可爱的、胖乎乎的孩子了，以至于不愿冒险站在孩子的对立面，其后果是：一时或永远地失去了对孩子的控制。而此时正应该是塑造他们的时候，父亲应当像老板一样，温柔而坚定地对待他们。"

杜布森博士50年前写这本书时，就明确提出父母与老师对待孩子应有的原则：温柔而坚定。更重要的是，他赋予这个短句以具体而直指人性深处的内涵。对于那些感情细腻而丰富的父母和老师而言，不管有没有对立与冲突，每次主动地、理性地管教孩子，都要忍受与自己天然情感的内在冲突。区别在于，如果处理得当，你的付出会有丰厚的回报，如果处理不好，那就会对孩子造成伤害。杜布森博士在书中用一个又一个的例证，帮助读者解决这个难题，也许是本书大受欢迎的重要原因之一。

分寸之难。

可能所有的操作性难题，都最终体现为分寸之难。

杜布森博士把家庭与学校中的管教首先区分为有冲突的管教与没有冲突的管教。对于那些执意顶撞父母的孩子和学生，他明确提出"让孩子体验到轻微痛苦"，以达到"负面强化作用"（在美国约一半州，对学生实施有限的体罚是合法的）。至于如何以轻微痛苦来达到负面强化作用，读者可以参阅第一至第四章和第七章，从中体会这位两个孩子的父亲、曾经的高中老师和执业心理咨询师把握分寸的技巧与艺术。

没有冲突的管教，可用奖励的办法实现"正面强化作用"。但不少家长与老师也因为屡屡失手而叫苦连天。他们可以重点参阅第五、六、七、八这四章，从中找到理念、方法、例子，包括略加修改就可以用的表格。

我概括了80后、90后父母与教师管教孩子与学生可能遇到的困难，也将杜布森博士推荐给了大家。综上所述，建议如下使用这本书。

1．作为一本思想之书

如果在育儿和教学上不愿人云亦云，这书可以帮助你培养更多的审辨式思维，增加教育中深刻的思想要素。

2．作为一本方法之书

不管是管教五原则、正面强化之法，还是实用的问题与回答章节，都提供了不少方法。

3．作为一本对照之书

关于教育中的管教，我强烈建议你读两本以上、不同观点的书，分析和比较，并找到自己的立场、方法和角度。而这本书，永远可以作为其中的一本。

《勇于管教》经受了50年世界文化与教育的风雨考验，2021年得蒙华东师范大学出版社郑重推出中文第二版，实为广大中国家长与教师的幸事。甚愿此书成为你的家、你的学校和班级以及你最看重的亲朋的祝福。

鹿永建

中国教育学会家庭教育专业委员会常务副理事长

2021 年 7 月 7 日

（扫码关注视频号）

中文第一版序言

—

纯粹的爱与坚定的管教

—

如果一位以建造和保护家庭为使命的心理学家、执业心理咨询师要与你分享他的育儿奥秘，你会停下脚步听他的心声吗？

这奥秘是他父母在培育他的日子里"活出来"的，又像活水一般在他们夫妻与一对儿女之间流淌，如今正在他的儿女与他的孙辈之间的清流中汩汩作声。

当你打开这本书时，这脉跨越时空和语言的活水就流到你的家园里了。

《勇于管教》基于学术和专业方面的研究成果。对于如何养育孩子、如何回应孩子的需求，作者信念坚定且身体力行！此书在美国已发行300多万册。由于作者富有磁性的声音在40年的广播中持续地与听众交流管教之道，遵循"爱与管教平衡"的父母在世界各地不计其数。我为此向本书作者杜布森博士致敬。

当今中国社会复杂多变，成年人与未成年人，特别是父母与孩子之间关系紧张得让人头皮发麻！这是中国现代化进程中一个躲不过的伴生现象。先期完成现代化的美国也不例外，20世纪60年代以来，父母与孩子的紧张关系一直困扰着美国。1970 年杜布森博士写成这本书的第一版，美国年轻一代父母在育儿问题上正困惑不解、手足无措。对此，杜博士在书中给出毫不含糊的解决之道，他观点鲜明而不偏激、语言犀利而笔触细腻、激情洋溢而又理性十足。此书发行量没几年就在美国超过200万册，而众多美国人接受了他关于爱与管教平衡的教育办法，杜布森博士因此一举成名。

从第一版《勇于管教》开始，杜博士一发而不可收，他的著述源源不断，已有十数种，涉及夫妻关系和养育儿女诸方面，极其畅销。他一直声明自己的观点来自两方面：历代以来的育儿智慧和两希文明价值观。有趣的是，今年 73 岁的杜布森已有十多本书在中国翻译出版，不少中国人却以为他是个中国人。

经过近30年的时间考验，1999年美国丁道尔出版社重新出版修订后的《勇于管教（最新版）》，也就是你现在看到的这个版本。30年过去了，"爱与管教联手"的育儿之道影响了越来越多的美国人，其中包括新一代美国育儿专家。

纯粹的爱是否高不可及，与我等凡夫俗子无缘？勇于管教与我们先人所得意的"棍棒之下出孝子"有何不同？爱与管教如何保持平衡？回答这些问题的难度恐怕不亚于只有杂技明星才能做出的超高难动作吧。你如果有这样的疑问和担心，那太正常不过，告诉你吧，我也有过。

然而，我有一个好消息告诉你：与中国教育家孔夫子、管理学大师德鲁克这类"不悱不发"的大师对话，你会因大师的伟大而惊讶自己的潜力，因大师的信心而精神振作。

同样，在此书中，你一定会在杜布森博士这样的大师的思想和原则中找到自己培育孩子的解决之道。

鹿永建

"学习爱 ·守护家" 行动发起人 ，作家 ，新华社新闻评论员

著有《 家庭决定未来——家庭保护者杜博士传》

《一场输不起的战争——2008山东素质教育》等

2009 年 7 月 22日

THE NEW
DARE TO
DISCIPLINE

第一章

应对孩子的挑战

ONE
THE
CHALLENGE

第一章　应对孩子的挑战

　　这是一本关于父母和孩子的书。本书的第一版写于1970年代早期，那时，我是南加利福尼亚大学医学院小儿科的教授。当时，我自己的孩子还是学龄前儿童。以我的个人经验，向大众提供育儿指导是件冒险的事，就像一个篮球教练在比赛的第一时段，就对如何赢得整场比赛夸夸其谈一样。但是，通过学术和专业方面的大量调研，对于如何养育孩子以及孩子对于父母的需求，我当时已形成坚定的信念。

　　从第一版的写作到现在，20多年过去了，《勇于管教》这本书已出版发行了200多万册（截止于2021年，《勇于管教》英文版在美国已发行了350万册——编者）。在这段时间里，我曾经帮助过上千个家庭，深入研究了许多育儿权威和专家的观点；我的孩子们也都度过了青春期，成立了自己的家庭。这些经历开阔了我的视野，磨砺了我的眼光，如今，我特别庆幸，如时光倒转那般，我又重新回到这个我曾倾注了无数心血的研究课题上。

　　也许人们以为，我书中所阐述的观点在近些年中发生了重大改变，其实不然。但是，不能否认，最初写这本书时的社会背景已经发生剧变，这使得这本书的修订和补充成为必要。时至今日，盛行于1960年代末1970年代初的学生革命已销声匿迹；伍德斯托克音乐节和越南战争也已成为遥远的回忆；大学校园重归平静，反叛的声音日渐微弱。但是，孩子们并没有改变，而且永远也不会改变。我越来越坚信，西方文化中的传统家教原则是永恒不变的，在21世纪的今天，对我们仍然有效。但令人遗憾的是，今天众多父母对这些久经考验的观念一无所知，更不知道应当在家中采取哪些具体的教育方法。

一位3岁女孩的母亲，尼克尔斯太太曾经向我求助，她在家庭教育中所遇到的困境令我难忘。女儿桑迪常常挑战母亲的权威，并在对抗中取得胜利。渐渐地，女儿俨然成为家庭中的小暴君和独裁者。我们面谈前的下午，桑迪再一次表现出她典型的做事方式。尼克尔斯太太让女儿去午睡，但孩子能否乖乖地待在床上，她没有把握。因为桑迪通常不会去做自己不喜欢的事情，而午睡正是她不喜欢的事情。

在当时的情形中，桑迪为所欲为，实际上她是在与母亲为敌。桑迪开始尖叫，声音大得足以令四邻不安，也使妈妈本已烦躁的神经更加不安。然后，她开始眼泪汪汪地要这要那，最后说要一杯水。

一开始，尼克尔斯太太拒绝了女儿的要求，但当桑迪的尖叫声再次到达顶峰时，她屈服了。水拿来了，桑迪却将水推到一边，拒绝喝水，因为她觉得妈妈拿来水不够快。妈妈端着水等了几分钟后对女儿说，如果数到"5"她还不喝，她就把水拿回厨房。

桑迪闭紧嘴巴等着数数："3，4，5！"就在妈妈拿着杯子走向厨房的半道上，她又大声叫嚷着要喝水。桑迪就像玩弄一个溜溜球一样来回支使着妈妈，直到她玩腻了这个游戏。

长久以来，一些在现实生活中行不通且不合逻辑的原则在儿童教育领域中占据主导地位，尼克尔斯太太和她的女儿就是这些教育原则的众多受害者之一。这位母亲曾经在书上读到，孩子不需严格管教，终有一天他们会拥有理性和耐心。还有人建议母亲要鼓励孩子的反叛，因为这能使孩子的敌意得到充分释放。尼克尔斯太太曾经尝试某些专家的建议，当与孩子发生冲突时，她试图用语言帮助孩子表达他们的感受，诸如："你想喝水，但我拿来太慢了，所以你生气了……""你不想让我把水拿回厨房……""你不喜欢我，因为我让你睡午觉……"她还被告知，父母与孩子的冲突大多因为误解或观点不同。

　　不幸的是，尼克尔斯太太和给她建议的人都错了！她和孩子之间不是简单的观点不同，而是她作为母亲的权威受到了女儿的挑战、嘲弄和公然违抗。推心置腹的谈话不能解决这种尖锐的对峙，因为冲突的实质与水、午睡或是其他任何具体的环境完全无关。它背后隐藏的真正含义十分简单：桑迪公然拒绝承认母亲的权威。尼克尔斯太太处理这种冲突的方式非常重要，它将决定家庭中以后的亲子关系，尤其是在孩子进入青春期后。

　　很多育儿书籍都谈到了苛刻、压制和无爱的管教有诸多弊病，这些警告都非常好，应当引起人们关注。但是，如果把压制性管教的不良后果作为放弃父母权威的理由，那就大错特错了。常常会有任性的孩子紧握小拳头，激怒父母，向权威发出挑战。这样的行为并不像人们所假设的那样，是出于挫败感或内心敌意，而是孩子仅仅想知道界限在哪里、界限是由谁制定并执行的。

　　很多好心的专家大力倡导忍耐，但对于孩子的挑衅却没有给出应对方法。他们着重强调父母理解孩子的重要性，这一点我深表赞成。但是，我们必须教导孩子，也要他们学习理解父母！

尼克尔斯太太和所有与她同时代的人一样，都需要学习如何给孩子设定界限，以及如何应对孩子的挑战。管教行为必须在爱与关切的前提下实施，对于那些把管教与爱对立起来的父母来说，管教将很难实行。《勇于管教》将要阐述的就是这种爱与管教联手的方法，这对培养健康、礼貌、快乐的孩子极其重要。

"管教"的概念不仅在孩子与父母发生对抗时使用，本书的内容也不限于此。我们还必须培养孩子的自律和责任感。在成长过程中，孩子需要帮助，从而学会应对生活中的挑战、承担责任，以及自我控制。他们还应当具备必要的个人能力，以满足不同成长阶段的要求，从而完成作为学生、同辈群体和成年人的相应责任。

有些人认为这些品格不是培养出来的，他们认为最好的办法是对孩子放任自流，顺其自然，对孩子性格形成时期的障碍不必予以理会。这种"放任主义哲学"的倡导者可能会提出，如果孩子愿意，就可以允许他们在学校考试不及格，把卧室弄得像猪圈，或者让他们的狗狗挨饿，等等。

我反对这样的观点，而且我积累了相当多的证据来驳斥它。孩子只有在真爱和合理的管教中才能健康地成长。在这个到处泛滥着吸毒、不道德行为、性病、破坏公物、街头涂鸦和暴力的时代，父母不能仅靠愿望和运气期待孩子拥有我们所期望的品行。将放任作为教养孩子的方法，不仅是失败的，对那些实施者来说，更是一场灾难。

如能正确使用，爱与管教联手是卓有成效的！它能激发出温柔的情感，使父母与孩子之间的相互尊重成为可能；它为那些本应相互关爱、信任的家庭成员之间架设桥梁；它使我们能够让我们所深爱的孩子们正确认识世界；

它使得教师们能够在教室中完成教书育人的使命；它鼓励孩子尊重他人，成为有责任感、有贡献的公民以立足于社会。

　　不难想象，取得这样的成就必须付出代价。是的，这个代价就是勇气、毅力、信念、勤勉以及不懈的努力。简而言之，我们必须在纯粹的爱中勇于管教。在接下来的章节中，我们将具体探讨如何才能取得这些成就。

THE NEW
DARE TO
DISCIPLINE

第二章

管教的首要原则：
培养孩子对父母的尊重

TWO

COMMON SENSE
AND
YOUR CHILD

第二章 管教的首要原则：培养孩子对父母的尊重

在过去70年中，关于管教孩子的方法和原则一直广受争议并有诸多分歧。心理学家、儿科医师和大学教授都在纷纷告诫父母们该如何正确地养育孩子。遗憾的是，这些"专家"的意见常常相互矛盾，从而使父母在这个关键的问题上不仅得不到帮助，反而陷入更大的困惑。

或许，这就是20世纪中期育儿原则经常在管教和纵容之间来回摇摆的原因。现在，是时候了，我们应该认识到这两个极端都会给孩子的一生留下性格创伤。我很难比较出它们所带来的伤害孰轻孰重。长期的压制性管教会令孩子在绝对控制中觉得屈辱，家庭中冰冷苛刻的氛围会使孩子生活在无尽的恐惧中。他不能自己做决定，人格尊严被所谓的父母权威肆意践踏。于是，长期的依赖心理、深切而长久的愤怒，甚至精神变态都会在这种压制中出现。

那些遭受身体和情感虐待的孩子更令人担忧，虐待的悲剧在数以百万计的家庭中日复一日地上演。你根本无法相信这些父母竟会对毫无防范能力、惊呆地瞪大眼睛的孩子如此残忍。孩子根本不明白为什么自己如此遭人嫉恨。这些年来，我处理过很多不被人爱和遭受虐待的孩子的案例，他们的经历令我心痛。一位可怕的父亲，在小儿子每次尿床后，都用尿湿的床单包起孩子的头，然后把孩子头朝下塞在抽水马桶里以示惩罚。还有一位心理失常的母亲用剃刀挖出了孩子的双眼，可怜的小女孩从此将在黑暗中度过一生，而且知道就是自己的母亲亲手剥夺了她的视力！如此这般可怕的事情，就在我们周围经常发生！

我们还要对那些并未触犯法律的虐待儿童的行为有所认识。诸如：忽略孩子在成长过程中最基本的需要；不公正地惩罚孩子，包括不合理的体罚行为，如经常踢打孩子或把孩子摔在地上，等等。这些令孩子受到羞辱的行为会让孩子感到自己愚蠢、不正常和不被关爱。在一定限度内，父母的这些行为并不违法，但对这样的暴虐行为，我不会有丝毫的赞同。

我想再次重申：那些攻击性的、严酷的管教方式对孩子是极其有害的，必须予以摒弃。对子女冷酷苛刻的父母伤害的是孩子的一生。在这一点上，我常被人误解，因为在本书第四章中，我建议在某些特殊情况下，可以在一定限度内合理地使用体罚，以示公义。我希望这些误解和疑虑都能被除去，因为我从不认为父母应该对孩子严酷苛刻，从来没有！孩子们在家中非常容易遭遇拒绝、奚落、批评和父母的愤怒，其实，他们应该在一个更加安全、宽容和温馨的环境中成长。

我们也必须认识到，前面提到过的另一个极端也对孩子极为有害。如果缺乏成年人的带领，那么孩子从婴儿期开始就是自己的主人。在他眼中，整个世界都是以他任性的小帝国为中心的，因而他会常常对最亲近的人表现出蔑视和无礼。家里因他而充斥着混乱和无序，而母亲变成了邻里间最为神经紧张和绝望无助的妇人。孩子年幼时，母亲常会被困在家中，因为带着这个小火药桶到任何地方都会令她尴尬。如果这样的辛苦能养育出一个健康而又令人放心的孩子，那么虽然辛苦，但也值得。但现实显然不是这样。

近年来，很多关于管教孩子的书籍使父母们陷入困惑，这些书籍使父母丧失了在家中行使权威的能力。父母大多没有认识到，孩子都强烈渴望自己支配自己的生活，并希望在与家长的意志对抗中获胜。

我在另一本书《如何培养有个性的孩子》（The Strong Willed Child）中，引用了一本育儿教科书中的一段话，书名为《从2岁到5岁的孩子》，此书出版于提倡放任教育方法的1950年代。其中提到路德·伍德华特博士（Dr.Luther Woodward）的一个建议，原文如下：

> 当家里学龄前的孩子叫你"大笨蛋"，或威胁说要把你扔进马桶冲走时，你会怎么做？你是斥责、惩罚，还是聪明地走开？伍德华特博士提出了一个积极的建议，以理解作为帮助孩子摆脱口头暴力最好最快的方法。如果父母充分认识到所有的小孩子都有生气和搞破坏的时候，那么，父母就能将自己的愤怒减少到最低。一旦孩子摆脱了敌对情绪，破坏欲将随之消失，爱与关切的本能反应将有机会萌芽和发展。到了6岁或7岁，父母就能适时地让孩子知道他已经长大，不应再顶撞父母了。

对于这个建议，我坚决反对。提出这个建议后，伍德华特博士又告诉父母们要振作起来，敢于面对其他的批评意见。他写道："但是这种策略（容许孩子挑衅）需要父母眼光长远并沉着冷静，尤其当亲友们提出反对意见、警告你正在培养一个不肖子孙的时候。"

在这种情况下，你的亲友们很可能说对了。伍德华特博士的建议是20世纪中期提供给父母的典型建议，它鼓励父母应在孩子的性格形成期被动观望，而这个时期正是能教导孩子尊重权威的最佳时期。在《如何培养有个性的孩子》一书中，我对这个建议作出如下回应：

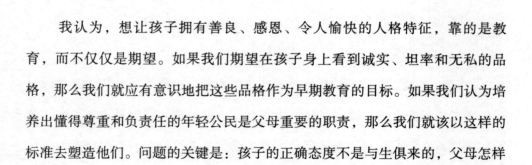

伍德华特博士的建议建立在一个过于单纯的观念上：他认为如果我们鼓励孩子在童年时期乱发脾气，长大后，他们将拥有温和友善的态度。伍德华特博士乐观地告诉我们，一个叫了他母亲六七年"大笨蛋"的孩子，会在一夜之间满怀爱意和敬意地拥抱母亲。这样的事情根本不可能发生！伍德华特博士极富创意的"理解策略"在众多例子中，无法挽回地导致了孩子青春期的反叛。

我认为，想让孩子拥有善良、感恩、令人愉快的人格特征，靠的是教育，而不仅仅是期望。如果我们期望在孩子身上看到诚实、坦率和无私的品格，那么我们就应有意识地把这些品格作为早期教育的目标。如果我们认为培养出懂得尊重和负责任的年轻公民是父母重要的职责，那么我们就该以这样的标准去塑造他们。问题的关键是：孩子的正确态度不是与生俱来的，父母怎样教导他们，他们就会成为怎样的人。我们不能奢望，不耕耘却得到收获。

伍德华特博士在那些年里提出的建议，使得很多父母在孩子面前丧失了应有的权威。由于不让父母干涉和领导孩子，面对孩子的公然对抗，父母有的只是愤怒和沮丧。

说到这里，我马上想起我认识的一家人，这对夫妇有4个我见过的最任性的孩子。这几个孩子是邻居眼中的"小恐怖分子"：无礼、吵闹、好斗，经常在别人的车库中旁若无人地进进出出，不经允许就拿别人的工具和设备。邻居外出时不得不将外面水管上的龙头开关卸下，因为这几个孩子喜欢在邻居家没人时打开水龙头。

这位4个孩子的母亲的管教方式毫不奏效，却为我们提供了反面教材。她对付这种局面的方法可以归结为一个简单公式：当孩子们在后院里太过喧闹或激烈争吵时，她每隔一小时就会冲到门口大声喊叫："我受够你们了！我再也受不了你们了！"然后转身回到房间。孩子们连看都不看妈妈一眼，即便知道她在身边，也毫无顾忌。这位妈妈显然认为，她所能做的也就是像个布谷鸟报时钟一样，定时提醒孩子们自己还在管着他们。

既然两个极端都是有害的，那我们又该如何找到平衡的中间道路呢？可以肯定的是，一定存在着一种符合逻辑和道理的育儿原则，它能指导我们日常的家庭教育。社会科学家能够提出一套切实可行的方案吗？也许某些人能从10年的行为和医学研究中得出一些结论，但是，我不相信单纯的科学研究能够提供最好的育儿方法，固然其中不乏有价值的研究。父母与孩子的相互关系是异常复杂和微妙的，能够对它进行科学研究的唯一方法是将各种变量关系减少到最少，但与此同时，它全部的特性也随之丧失了。生活中的某些事物太过复杂，以至于无法对其进行严格细致的研究。我认为，对父母管教孩子的法则就很难进行细致研究。

可以在犹太教和基督教所共有的道德准则体系中找到育儿原则的较好指导，这就是我的母亲、祖母、曾祖母凭直觉所领悟到的东西。这是西方文化中育儿并满足其需求的基本常识。虽然并非人人遵守这些原则，但是大多数人对此还是认可的。100年前，当一个孩子出生时，这位新妈妈的姐姐、姨妈和祖母都会来到家里，亲自传授带孩子的方法。她们所做的就是将传统的智慧，或称人类遗产，传递给下一代，而下一代也会同样将这些方法传递给子孙后代。1920年代以前，这种传承一直进行得很好。后来，西方文化开始逐渐对传统失去了信赖，取而代之的是对专家的信赖。行为学家华生（J. B. Watson）是最早的和最具影响的权威之一，他曾提出所谓"简单有效"的育儿方法，深受妈妈们追捧。他说只要按照他的建议去做，就能培养出你想要的任何类型的孩子——医生、律师、艺术家、商业巨头，还包括乞丐和小偷。

华生建议说，想得到最好的结果，父母就不能对孩子表现出亲情。他写道：

> 永远不要拥抱和亲吻他们，永远不要让他们坐在你的腿上。如果必须这样做，就在道晚安时亲他们的额头一下，早晨与他们握手……
>
> 当母亲忍不住要去爱抚孩子时，记住，母爱是危险的，它可能造成无法愈合的伤口，导致儿时的不快乐和青春期的噩梦；也可能毁掉孩子成年后的职业前景和幸福婚姻。

华生博士的建议在今天看来纯粹是荒唐的废话。即便在1928年，也很难相信竟有人信服这样的建议。但在那个年代，华生深受欢迎，他的书卖了上百万册。按照这个完全不成熟的育儿建议，父母们不遗余力地"调教"着他们的孩子。

之后，又出现了西格蒙德·弗洛伊德博士（Dr. Sigmund Freud）、本杰明·斯波克博士（Dr. Benjamin Spock）、尼尔博士（Dr. A. S. Neill，参见第七章）、汤姆·戈登博士（Dr. Tom Gordon）、露丝·韦斯特海默博士（Dr. Ruth Westheimer）、菲尔·多纳休（Phil Donahue）、奥佩拉·温弗里（Oprah Winfrey）和《妇女之家杂志》《大都会杂志》《红皮书》，最后还出现了一份专为父母提供育儿指导的报纸。伴随着每一个离谱的新建议的出现，我问自己：如果这些育儿新主张真的行之有效，为什么到现在才被发现？为什么5000年来200亿父母都没有注意到呢？毋庸置疑，古往今来的父母们所积累的育儿经验是极其宝贵的。

我写这本书（包括1970年版本和现在这一版本）的主要目的，就是为后代记录下我对犹太教和基督教所共有的育儿原则的理解，这些原则在世世代代中指导了无数父母。我坚信它们也将在你的家庭取得成功。让我们继续读下去，来看家庭育儿的五项基本原则。

原则一　培养孩子对父母的尊重是儿童教育中一项至关重要的原则

让孩子学会尊重父母是必须的，这不是为了满足父母的自尊，而是因为孩子与父母的关系会为日后孩子对其他人的态度打下基础。孩子早期对父母权威的看法，将成为他以后对学校管理者、执法人员、雇主以及其他共同生活工作的人的态度的基础。亲子关系是孩子最早也是最为重要的社会关系，亲子关系中的问题将会在孩子以后的生活中得到反映。

必须培养孩子尊重父母的观念和行为，还有另一个同样重要的原因，当孩子步入青春期时，如果你希望他接受你的价值观，那么，你就必须让孩子在年幼的时候尊重你。如果一个孩子在15岁之前，经常违抗父母、嘲弄父母的权威，那么，在他的心目中，他早就蔑视父母了。

"愚蠢的老爸老妈！我可以让他们围着我团团转。当然他们爱我，但他们更怕我。"孩子可能说不出这样的话，但每次在与父母的对抗和斗争中取得胜利后，他都会感到自己比父母更高明。之后，他很可能表现得更加嚣张。当孩子认为父母不值得尊重时，他会对父母的价值观和信仰嗤之以鼻。

对于父母来说，这个因素尤为重要。为什么？因为孩子通常把父母，尤其是父亲看作权威。所以，如果父母不值得尊重，那么，道德、国家、价值观，甚至信仰都不值得尊重。

在指导父母理解孩子的某一特定行为时，尊重的概念很有用。首先，父母应该判断这个不受欢迎的行为是否是对父母权威的公然挑战，然后，根据结果来决定采取何种形式的管教措施。

假设小克里斯在客厅玩耍时撞到了桌子，打碎了很多贵重的瓷器和饰物；假设温迪丢了她的自行车，或是把妈妈的咖啡壶落在雨中任雨淋。这些都是小孩子的过失行为，应该恰当处理。有些父母不把这当回事儿，有些让孩子以劳动来赔偿损失。当然，具体方法要取决于孩子的年龄和成熟程度。

上述例子都不是对父母权威的公然挑战，这些行为不是出于任性和傲慢

第二章　管教的首要原则：培养孩子对父母的尊重

的悖逆，因而不应受到严格的惩罚。我认为，打屁股的惩罚（我们将在后面讨论）应当是在孩子1岁半到10岁之间，当孩子以挑衅的态度对父母说"我就不"或是"你闭嘴"时使用。当孩子表达出这种顽固的反抗时，你必须立即对挑战予以回击。当你和孩子发生面对面的冲突，这不是讨论服从是否是一种美德的时候，也不是让他回到自己的房间生气的时候，更不应延迟管教，等你的配偶劳累不堪地下班回家后再采取措施。

当你在地上画了一条线，孩子故意用他的小脚丫越过了这条界线。谁将赢得胜利？谁更有勇气？在这里谁说了算？面对任性的孩子，如果你不能给出确定的答案，他将挑起其他战争，一遍又一遍地挑战这些问题。在孩子身上最悖论的一点是：孩子希望被领导，同时又挑战父母是否够格来领导他。

当父母面对孩子的挑战失去掌控局面的能力时，他们将为自己和家庭制造可能持续一生的隐患。这就是发生在霍洛韦夫妇身上的事情，他们十几岁的女儿名叫贝姬（均为化名）。一天下午，霍洛韦先生绝望地来到我这里，讲述了他来访的原因。女儿贝姬从未被要求过服从或是尊敬父母，儿时的她常令全家人神经紧张。霍洛韦太太相信贝姬会逐渐变好，但这个愿望没能成为现实。在很小的时候，贝姬就公然蔑视父母，她常常愠怒、无礼、自私并且不合作。霍洛韦夫妇认为自己没有权力命令女儿，于是，他们总是微笑面对，并假装没看见女儿那些令人讨厌的行为。

他们的宽宏大量在贝姬进入青春期后很难继续。贝姬永不满足，她总是满怀厌恶地嘲讽家人。霍洛韦夫妇不敢采取任何措施以表示反对，因为反对会令贝姬爆发出令人难以想象的震怒。霍洛韦夫妇以为花钱可以换取女儿的合作，于是在贝姬的房间里安了一部专供她使用的电话。贝姬接受了电话，却毫无感激之情，第一个月的话费账单就令人咋舌。

　　他们以为在家里为贝姬开派对可能会令她开心，于是，霍洛韦太太不辞辛苦地装饰了房间并准备了饮料和点心。派对之夜，一群衣着肮脏、言语污秽的年轻人涌进房间，砸坏了家具。其间，霍洛韦太太说了些令贝姬生气的话，于是女儿动手打了母亲，母亲倒在了浴室的血泊中。

　　霍洛韦先生当时不在家，他回到家时发现妻子正无助地躺在地上。他在后院找到了满不在乎、正在和朋友们跳舞的女儿。当霍洛韦先生向我描述他们家庭的噩梦时，眼中噙满泪水。他说妻子仍躺在医院里，边疗伤边反思自己教育的失败。

　　像霍洛韦夫妇这样的父母，他们的失败在于，没有理解爱与管教是如何相互作用并影响孩子的。亲子关系中的这两个因素不是相互对立的，而本身就是同一事物的两个方面，并且相互依存。管教不是对父母之爱的破坏，管教本身就是父母之爱的一种功能。适宜的惩罚不是父母为了发泄对孩子的愤怒，而是为了让孩子能够从中受益。如果在贝姬小的时候父母能够明白这一点，这个家庭将免遭女儿青春期噩梦之灾。

　　贝姬在学龄前，反抗父母的管教时，父母的态度应该是："我们太爱你了，所以不能让你这样做。"对小孩子来说，生动的语言更能清楚地传达信息。下面这则故事是在我的孩子很小的时候，当他们越过了行为界限时，我讲给他们听的故事：

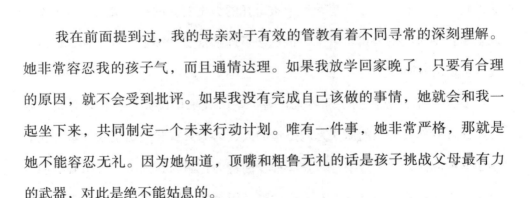

从前有一只小鸟和妈妈一起住在鸟巢里。鸟妈妈要出去找虫子吃，就告诉小鸟，妈妈不在时不要离开鸟巢。但是小鸟没有听妈妈的话，它跳出了鸟巢掉到地上，被一只大猫给抓住了。当我告诉你要听我的话时，是因为我知道什么对你是最好的，就像鸟妈妈对它的宝宝说的一样。当我让你在前院玩的时候，是因为我不想让你跑到街上被车撞到。我爱你，不希望你发生意外。如果你不听我的话，小屁股会挨打，让你记住这是非常重要的。你明白吗？

我在前面提到过，我的母亲对于有效的管教有着不同寻常的深刻理解。她非常容忍我的孩子气，而且通情达理。如果我放学回家晚了，只要有合理的原因，就不会受到批评。如果我没有完成自己该做的事情，她就会和我一起坐下来，共同制定一个未来行动计划。唯有一件事，她非常严格，那就是她不能容忍无礼。因为她知道，顶嘴和粗鲁无礼的话是孩子挑战父母最有力的武器，对此是绝不能姑息的。

很小的时候我就知道，如果要对母亲进行无礼的言辞攻击，最好站在10英尺以外。这个距离能够让我有效地避免母亲的迅速反击，我母亲通常的反击是打我的屁股。

　　我对那一天学到的教训至今记忆犹新，我因为对母亲顶撞无礼而付出了惨痛的代价。那次，我站在离母亲3英尺的地方，我清楚自己已经越过了界限，很想知道母亲会作出什么反应。很快我就知道了。母亲转身去找能让她表达不满的东西，她抓到了一根腰带，上面缀满了铆钉和神秘的装饰物。她用力地把那可恶的腰带挥向我，我甚至现在还能听到腰带在空中呼啸而过的声音。她一下击中了我的胸部，接着，腰带上的装饰物和带扣落在我的肚子上，我饱受了一顿鞭打！那天以后，我学会了对母亲说话要措词谨慎，之后，我再也没有用言语顶撞过她，直至她高龄去世。

　　我曾多次与人分享这个故事，人们反应不同，这非常有意思。多数人觉得它很有趣，并充分理解在那一刻，我母亲的做法是不会伤害我的。另外少数人从没见过我的母亲，也不了解她对我深厚的爱，却立即指责她是在虐待我。一位心理学家甚至在他的书中，专门写了一章来谈论我挨的这顿打所造成的伤害。另有一位家住堪萨斯州威奇托的男士对我的这个故事十分愤怒，以至于拒绝听我的演讲。后来，他承认是理解错了"腰带"这个词，误以为我母亲是用煎锅打我呢！

　　如果你的意见倾向于那些批评者，请听我把话说完。我毕竟是世上唯一能够告诉你我母亲的做法是对是错的人，因为只有我经历了这件事。我要在这里告诉你，"腰带事件"是一种爱的行为！因为我知道，母亲有可能因为这一挥导致心脏病复发而有生命危险。她当然不愿伤害我的一根毛发，但是，她对我的无礼很生气，她的动机是要矫正我的行为。我们都知道我是罪有应得，所以那瞬间的伤痛并不会伤害我的自尊。不论你是否相信，母亲的行为让我深深地感受到爱。那位心理学博士，无论你是否接受，这是事实。

　　现在让我说得更明白一点，有些家长采用同样的方法，却招致孩子的拒绝和敌意。如果我不知道我是被爱的……如果我不应该受到这样的惩罚……如果我常常因为一些小事就受到不公正的责打……我将会从这个"腰带事件"中受到严重的伤害。肉体的疼痛不是关键，这件事本身的意义才是至关重要的。

　　这个小小插曲，就足以说明对育儿实践进行严格准确的研究是多么困难。其中的关键因素过于主观，以至于无法进行随机抽样和分析。其复杂性也解释了为什么社会工作者在把儿童从虐待家庭中解救出来时，常常要面对举措是否公平的问题。很多爱孩子的父母因某些被误解的证据而丧失了对子女的监护权。例如，一个周身健康完好的孩子，如果臀部有个硬币大小的瘀伤，并不一定说明在家里受到虐待，这要视情况而定。在一个安全又充满爱的家庭里，这个瘀伤所导致的心理影响不会比擦伤膝盖和碰破脚趾更强烈。我再次强调，关键的问题不是那个小小的伤痕，而是其背后隐藏的意义：伤痕是怎样出现的？亲子关系的整个基调是怎样的？不过，仍有一些不幸的父母仅仅因为这类并不充分的证据而失去对孩子的监护权，并被指责虐待孩子。

　　请不要写文章指责我在为那些经常性责打和伤害孩子的父母辩护。这类事情不该发生。但是，我要呼吁，在孩子被社会工作者带离自己安全有爱的家之前，请务必了解家庭中整体的亲子关系，不能单凭某些微不足道的证据而作出改变孩子人生的决定。

　　现在，让我们回到尊重这个主题上。我们应当认识到，尊重必须是双方的，任何单方的努力都达不到应有的效果。如果父母不尊重孩子，就不能要求孩子尊重自己。父母应当小心保护孩子的自尊，永远不要贬低他们，或是令他们在朋友面前难堪。管教应避开好奇者和幸灾乐祸的旁观者。孩子不应受到嘲笑，因为这会让他们感到不舒服。对他们强烈的感受和要求，即便是愚蠢的，也应给予诚恳的评价。应该让他们感觉到父母是"真心地关心爱护我"。自尊心是人的本性中最易受到伤害的东西，一个小小的事件就能使它受到伤害，而重建自尊决非易事。

如果一位父亲在批评孩子时用尽讽刺和伤害的言语，那么，这位父亲就别指望得到孩子对他的尊重。也许孩子会因惧怕而暂时掩藏起对父亲的蔑视，但是报复常会在孩子进入青春期后出现。孩子们都懂得那个古老的谚语："过河之前不要嘲弄鳄鱼。"因此，一位狠毒而尖刻的父亲可能一时能震慑住家人，但是，如果他不能向孩子表达尊重，一旦孩子进入成年，翅膀长硬后，他们将以同样的敌意进行反击。

在结束有关尊重的话题之前，我想简单说说人生中最不可思议的阶段——学步期。学步期一般指幼儿18个月到3岁这个阶段，它的开始常常伴随着"砰"的一声，不是打碎台灯，就是摔破花瓶，然后类似事件愈演愈烈。学步幼儿是一切法律和秩序最顽固的对立者，他坚信世间万物都以他为中心。他以自己幼稚可爱的方式，表现出好奇、迷人、有趣、惹人喜爱和令人兴奋，当然也有自私、苛求、反叛和破坏。喜剧演员比尔·科斯比（Bill Cosby）对此深有体会，他曾说过："我若能让200个好动的2岁孩子安静，我就能征服世界。"

15—36个月大的孩子不希望受到任何形式的限制和禁止，也不愿隐藏自己的观点。他们痛恨按照父母的要求去午睡，每晚上床前的时间对家人来说是一种令人筋疲力尽的煎熬。他们想玩任何够得着的东西，尤其是家里易碎而昂贵的饰品。他们宁愿尿在裤子里也不愿使用坐便器，并执意用手抓饭吃。除了食物，他们还把大量各种各样的东西放进嘴里。在商店里，只要能挣脱大人的手，他们就迈开小胖腿飞跑。他们提起小猫的耳朵，被小猫抓伤后又尖声惨叫。他们希望妈妈整天不离三步以外，最好做他们的全职玩伴。真是小儿如虎啊！

即便是那些掌握了正确管教方法的父母，也会发现学步期幼儿是如此地难以控制。因此，父母不应指望一个2岁孩子的行为像大孩子一样成熟。在对付这些无法无天的小家伙时，控制力和耐心将最终成功，但效果通常要到3—4岁时才能显出。不幸的是，有些孩子对待权威的态度在学步期就被严重破坏。父母太爱自己可爱的胖乎乎的孩子了，以至于不愿冒险站在孩子的对立面，其后果是：一时或永远地失去了对孩子的控制。而此时正应该是塑造他们的时候，父母应该像老板一样，温柔而坚定地对待他们。

我曾经遇到一个13岁男孩的母亲，她的儿子非常反叛，无视父母权威。他不到凌晨2点不会回家，永远故意违背母亲的要求。我猜想这位母亲对孩子的失控是个长期存在的问题，我就问她这种局面是如何开始的。她清楚地记得在儿子不到3岁的时候，有一次，她把儿子抱到她自己房间的小床上，儿子朝她的脸吐了一口唾沫。

她正向儿子解释不能朝妈妈脸上吐唾沫时，却被他另一口唾沫给打断了。曾经有人告诉这位母亲，所有的对抗都可以通过爱、理解和商量来解决。于是，她擦了擦脸继续解释，但却第三次受到"唾沫袭击"。她失望之极，开始摇晃儿子，但力度不够大，没能有效阻止儿子的继续进攻。

接下来她该怎么做呢？面对这个令人窘迫的挑战，这位母亲的育儿原则中没有有效的应对方法。最后，她怀着极大的愤怒冲出了儿子的房间，在房门关上的瞬间，那个小小胜利者又朝房门吐了一口唾沫。母亲输了，儿子赢了！这位被激怒的母亲说从那以后，在与儿子的对抗中，她从未占过上风。

这些在早期对抗中失败的父母将很难在以后的冲突中取胜。无论是由于软弱、劳累还是繁忙，这些父母所犯错误的代价是惨重的，孩子进入青春期后，烦恼将接踵而至。如果你不能让一个5岁的孩子捡起他的玩具，那么，你也不可能对一个正值人生最为叛逆的青春期的孩子有更多的控制。

我们必须明白，青春期的表现是孩子以前所有教养和行为的浓缩，或者说是综合。所有在12岁之前存在的问题到了青春期都有可能恶化和爆发。每个孩子成长中的前12年是解除青春期定时炸弹隐患的最佳时间。正如比尔·斯罗内克博士，一位那什维尔的儿科医生，也是我的朋友，在一次广播节目中所说，"如果管教从生命的第二天开始，那已经晚了一天"。

斯罗内克博士不主张打孩子或是任何其他体罚，他主张父母要对孩子负责任：以足够的爱建立对孩子的控制。在他的私人诊所中，常常会看到不敢领导自己孩子的母亲。她们打电话到他的办公室，生气地叫喊着："我6个月大的孩子一直大哭，好像很热。"他问那些母亲孩子是否发烧了，得到的回答是："我不知道，他不让我量体温。"这些母亲已将自己的部分权威拱手让给了尚在襁褓中的婴儿。她们一生都会为此后悔的。

我必须说明，一些反叛行为与我在这里所描述的"挑战权威"存在着根本差异。孩子的敌对和叛逆可能因挫折、失望和遭受拒绝而产生，这必须要引起我们的重视。也许，正确辨别这两种截然不同的动机，是我们为人父母者所面对的最困难的事情之一。

第二章　管教的首要原则：培养孩子对父母的尊重

　　孩子通过反叛行为传递给父母一些信息，父母必须在作出反应之前，先将其破译。信息常会以这个问题来表现："是你说了算，还是我说了算？"一个明确的答复能够有效消除孩子的企图，使他不再尝试推翻家里已建立起来的权威。但有时，孩子是在以敌对行为对你表达："我现在感到没人爱我了，我整天被一个只会大喊大叫的小弟弟烦着。妈妈以前很关心我，现在谁都不想要我了。我恨所有人。"当反叛行为隐含这样的信息时，父母应该尽快找到问题的根源并解决它。

　　卓有成效的父母能够洞察孩子的心思，看他所看，想他所想，感觉他所感觉的。比如，一个2岁的孩子上床睡觉时又哭又叫，父母必须弄明白他想表达什么。如果他是害怕房间里的黑暗，那么，你的处理方法就要区别于毫无原因的拒不睡觉。父母之道的艺术就在于辨别孩子行为背后隐藏的真实含义。

　　如果父母能凭直觉了解孩子，他们就能观察和辨别出他的小脑袋在想些什么了。如果父母能够学会仔细聆听孩子，孩子就会告诉父母他们在想些什么。只有当父母掌握了这些能力时，他们才能摆脱黑暗中无谓的摸索。

　　在这里我再次重申育儿的第一个基本原则：管教孩子的首要目标是获得并维护孩子对父母的尊重。如果父母做不到这一点，那么，他的生活将充满烦恼。下一章，我们将继续探讨传统育儿观中其他四项基本原则。

THE NEW
DARE TO
DISCIPLINE

第三章

管教的另外四项基本原则

THREE

MORE
COMMON SENSE
ABOUT
CHILDREN

第三章　管教的另外四项基本原则

　　我在第一章中写到，作为年轻的父亲，我当年选择写如何管教孩子的书是冒一定风险的，也使我本不完美的家庭承受了巨大压力。我们虽处于众人关注之下，但我无比优秀的孩子，使一切都顺利。然而，在某些艰难时刻，我也曾身陷困窘之中。

　　其中一个噩梦发生在1974年，一个周日的晚上，那时丹妮9岁，瑞安快5岁了，我受邀在我家附近的一个教堂礼拜中演讲。事后证明，那天晚上我犯了两个重大错误。第一，我决定讲管教孩子的主题；第二，我带了两个孩子同去。其后果我早该料到。

　　那天晚上，结束了我那发人深省、机智幽默、引人入胜并信息丰富的演讲后，我站在礼拜堂前与那些想得到更多建议的父母们交流。大约有25位父母围拢在我身边轮流提问，我站在那里像台自动售货机一样，对育儿智慧高谈阔论。突然，我们听到从二楼阳台传来巨大的撞击声，我惊恐地抬头望去，看见丹妮正跳过一个个座位追打瑞安，他们边哈哈大笑，边跌跌绊绊地穿过二楼听众席位。这是我一生中最尴尬的时刻之一。当我自己的孩子正在教堂中撒野的时候，面对前来咨询的母亲，我该怎么向她提供管教孩子的建议呢？我无可奈何地看着自己的孩子，既没办法抓住他们，也无法让他们安静下来。最后我终于看到了雪莉，示意她抓住他们、制止他们的闹剧。从此以后，我讲这个主题时，再也不带着我家孩子了。

我分享这个故事是要阐明正确育儿的目标：我们的目标不是要培养出十全十美的孩子。即便你在家中实施了一套空前完美的管教措施，你的孩子终归是孩子，他仍会不时地表现出愚蠢、破坏性、懒惰、自私以及无礼。这是人类的本性，我们作为成年人也存在同样的问题，对孩子来说，更是在所难免。男孩和女孩就像时钟一样，你必须让他们跑。我的观点是，本书中的原则不是为了制造出能够交叉着小手在客厅中正襟危坐，培养爱思考和高尚情操的完美的小机器人而设计的。即使他们能够成为这样的孩子，我们最好也别去尝试。

我认为，育儿的目标是接受孩子与生俱来的特质，然后逐渐把他们塑造成为成熟、有责任感和敬畏之心的成年人。这个过程将历经20年甚至更长，其间充满进步、挫折、成功和失败。当孩子进入13岁时，你可能会一时地认为他丢掉了你教给他的所有好的品质，如礼貌、善良、优雅和风度。但紧接着，成熟将接踵而来，原先播种的种子将破土而出。作为父母，能够在20年的时间里，经历孩子从婴儿到成人的发展变化，这是多么丰富的人生体验啊！

下面，我们将继续探讨育儿方法中的另外四项基本原则。

原则二　最好的沟通机会通常在管教事件后出现

当父母受到孩子的挑战，并取得决定性胜利的时候，往往会产生最亲密的亲子关系，尤其当孩子"自讨苦吃"，完全明白自己是罪有应得的时候。父母通过权威获得尊重的过程不同于其他任何事情，孩子在抹干眼泪后，常常会表现出对父母的爱。

因此，父母不应在与孩子的对抗中畏惧或退缩，而应当对这类对抗事件未雨绸缪。因为在这种特殊时刻，父母能够向孩子们传递更多语言的或非语言的信息。我想再次强调，我不是在建议父母在对抗中使用过度的惩罚。与之相反，稍许的难受最终能起到软化孩子叛逆精神的作用。不过，如果使用体罚，其力度要以让孩子流出真实的眼泪为准。

在情感得到宣泄后，孩子常常想要投入父母的怀抱，我们应该张开双臂，以温暖和爱来迎接他。在这个时刻，你可以与孩子倾心交谈，告诉他你是多么爱他，他对你来说是多么重要。你可以解释为什么要管教他，以及下一次怎样做才能避免惩罚的再次发生。这种沟通是其他管教手段无法做到的。让孩子站到墙角，或是拿走孩子最喜欢的玩具这类管教手段无法使父母与孩子倾心沟通，一个充满怨气的孩子通常不想与人交谈。

发生在我妻子和女儿丹妮之间的一次对抗可以说明这一点。那时，丹妮还是一个15个月大的小跟屁虫，雪莉要在壁炉中生火，想去车库后面找些木柴。天正下雨，她告诉正光着小脚丫的丹妮在门口等着。丹妮很早就会说话，她完全明白这个命令的含义。但是，她却突然跑进湿湿的院子，想穿过去。雪莉把她抓了回来，严厉地重复了一遍先前的命令。可当雪莉刚一转身，丹妮又跑了出去。显然，这是对一个清晰明了的命令的公然违抗。在丹妮第三次跑出去时，雪莉拿起一根小棍在她的小腿上打了几下。

当丹妮大哭完，情绪平息之后，她走到壁炉前，向妈妈伸出双手，说：

"妈妈抱。"雪莉温柔地把她抱在怀里，温存了15分钟。在这个洋溢着温馨爱意的时刻，雪莉温柔地让她明白了服从的重要性。

管教后父母温柔的抚慰是非常重要的，它能告诉孩子，父母不接受的是他的行为，而不是孩子本身。"现实疗法"之父威廉·格拉瑟（William Glasser）在描述管教与惩罚的概念时，阐明了两者的区别。"管教"是针对问题行为的，孩子会毫无怨言地接受。而"惩罚"是针对个人的，代表一个人伤害另一个人的愿望，它所表达的是敌意，而非爱意。因此，孩子通常会对"惩罚"深恶痛绝。

虽然有时我会使用不同的术语，但我同意格拉瑟的基本前提。毫无疑问，如果父母在纠正孩子的错误时令孩子感到不被爱、不被需要和缺乏安全感，这种方式就是错误的。避免这种错误的最好方法就是给管教行为一个爱的结局。

原则三　避免喋喋不休的管教

对孩子大喊大叫和喋喋不休可以成为一种习惯，一种毫无作用的习惯！你是否对孩子尖声叫过："这是最后一次，我最后一次警告你！"父母常会以愤怒来解决问题，而非行动。这不仅令人筋疲力尽，而且毫不奏效。试图以叫喊来管孩子就像用按喇叭来开车一样无效。

让我们来看看这个可能发生在成千上万个家庭中的例子。结束了漫长紧张、高速运转的一天，疲惫不堪的妈妈感到自己的头像低音鼓一样嗡嗡地响着，她想让儿子赶快洗澡上床。但是，8岁的亨利不想睡觉。从以往的经验看，妈妈知道要想让他行动起来至少得花上半个小时。

　　亨利正坐在地上玩，妈妈看了看表说："亨利，已经快9点了（夸张了半个小时），收好玩具去洗澡。"此刻，亨利和妈妈都知道这不是让他马上就去洗澡，而只是让他开始想洗澡这件事。如果亨利对妈妈空洞的命令有所反应，妈妈将会激动得昏过去。

　　大约10分钟后，妈妈又开始说："亨利，现在越来越晚了，明天你还要上学，你要赶快收好玩具去洗澡！"她还是没有指望亨利会服从，而亨利也很清楚这一点。她所传递的真实信息是："你应该行动了。"亨利慢吞吞地堆起一两个盒子，以示听到了妈妈的话，然后又坐下来继续玩。

　　6分钟后妈妈再度发出命令，这次的声音中多了一些愤怒和威胁："听着，年轻人，我告诉你赶快行动，这次我是认真的！"这次命令对亨利来说意味着他必须收起玩具，然后慢吞吞地走向卫生间。如果妈妈一直催促他，他就不得不去做该做的事。但如果妈妈稍一走神，或是电话铃奇迹般地响起，亨利就又能多磨蹭几分钟。

　　我们可以看到，亨利和妈妈在上演着一场熟悉的独幕剧，他们都知道规则以及对手所扮演的角色。整场剧情是事先编排好的、程序化的，并且有设计好的台词。在现实生活中，这是日复一日、每晚重复上演的一幕。每当妈妈要亨利做他不想做的事情时，都会通过这些假装生气的渐进步骤，以平静开始，以愤怒和威胁结束。在达到妈妈的爆发点之前，亨利用不着行动。

　　这是一场愚蠢的游戏！正因为妈妈总是试图以空洞的威胁来控制亨利，她就总处于半被激怒的状态。这不仅损害了她与孩子之间的关系，也使她每晚都饱受偏头痛的折磨。她别指望孩子会立即服从她的命令，因为孩子很清楚，妈妈真的生气至少需要5分钟时间。

以有效的行动去获得你期望的行为会比这种方法好得多。有效的行动有上百种方法，有些会让孩子体验到轻微痛苦，有些是给孩子以奖励。关于奖励和"正面强化作用"，我们将在下一章中探讨，这里就不多说了。下面我们来看轻微痛苦，或说"负面强化作用"，这种方法也能很好地激励孩子。

当父母平静地提出要求，孩子不予理睬时，父母应该掌握一些促使孩子配合的手段。对那些束手无策的父母，我有一个建议：脖子的后下方有一块肌肉，在解剖学上被称为"斜方肌"。当受到挤压时，它会向大脑发出信息："这样会疼，避免让它再次出现。"疼痛是暂时的，不会导致任何损伤，但是对于父母们来说，当孩子无视你的命令时，这一招却惊人地有效。

现在让我们重新回到亨利睡前的那一幕，看看怎么做能够更为有效。开始时，妈妈应该预先警告他还有15分钟玩的时间。无论是孩子还是成人，没人喜欢被突然打断。然后，可以设定闹钟或是计时器来控制时间。当15分钟过去，计时器响起时，妈妈应该平静地告诉亨利该去洗澡了。如果他没有马上行动，妈妈可以捏一下他颈后的那块肌肉。如果亨利认识到再不动的话，这个程序或其他令他不快的事将一直出现，他就会在结果出现之前行动。

对于这种施与孩子的故意的、有预谋的轻微疼痛，我知道一些读者可能会认为是残忍无爱的行为，有些人甚至认为这就是一种野蛮行为。我完全不认同这些观点。一个是疲惫不堪、常常尖叫、威胁孩子、爱发脾气的母亲，一个是能够对孩子的违抗给予合理控制的母亲，如果要在两者之间选择，我当然建议你成为后者。从长远来看，安静的家庭环境对孩子更为有利，因为它能避免两代人之间激烈的冲突。

另一方面，当孩子发现父母无数次的话语背后并无真正的威胁时，他就不会再听这些话了。唯一会令他有所反应的就是父母那些到达情绪顶点的信息，这意味着更多的尖声叫喊。孩子就这样站到了父母的对立面，使妈妈的神经和亲子关系都很紧张。此外，这些口头斥责最严重的问题在于它们通常最终会走向体罚，而且很可能程度很严重，因为父母往往由于愤怒而失去控制。于是乎，父母无法平静理智地管教孩子，而是更多地表现出失控、沮丧的态度和野蛮的行为。如果父母能够把握住平静而坚定的态度，事情的结局将很不一样，父母与孩子之间根本不会发生激烈的战争。

此时，妈妈应该以温柔、甚至愉快的口吻对孩子说："亨利，你知道不听妈妈的话会是什么后果，今天晚上我实在是不想让你不舒服，但你如果坚持，我也没办法帮你。计时器响的时候，让我知道你决定怎么做。"

于是，孩子面临选择，选择服从妈妈的好处是显而易见的。此刻，妈妈不需要大喊大叫，不需要以威胁来吓唬孩子，也不需要变得心烦意乱，一切皆在掌控之中。当然，如果有必要，妈妈应该用行动来证明她会采取惩罚措施，两三次足矣。在以后的几个月里，亨利也许偶尔会试探妈妈是否仍大权在握，但他会发现这个想法很愚蠢。

颈后的那块肌肉是制造轻微疼痛绝好的资源，在无数成人与孩子面对面的对抗中，都可以利用这个资源。当我自己的孩子还小的时候，我曾经历过这样一件事。一天，我从一家药店出来，看到门外有位佝偻着身子的老人，年纪大概有75岁或80岁。4个男孩，十四五岁的样子，把老人逼到一个角落，围着他一圈一圈地跑。我走出大门的时候，其中一个男孩正把老人的帽子拍打下来盖住了他的眼睛，老人斜靠在手杖上，男孩们看着老人的样子大声嘲笑。

我走到老人的前面对他们说：如果要捉弄人应该换个对象。他们冲我大骂，四散而去。我开车走了，15分钟后，因为落了东西我又回到此地。迈出车门时，我看到还是那4个男孩正从一家五金店里跑出来。店主在后面紧追，冲他们挥着拳头，大声喊叫着以示抗议。后来我知道是那几个孩子在他的店里沿着货架通道跑来跑去，把货架上的瓶瓶罐罐撞得满地都是。他们还嘲笑店主太胖了。

当孩子们看到我时，肯定认为我把自己当成罗宾汉式的绿林好汉、无辜人的保护者或是受压迫者的朋友了。其中一人径直跑到我面前，挑衅地盯着我的眼睛。他的个头也就我一半高，因为他才只有十几岁，但一副天不怕、地不怕的样子。他说："你打我啊！我要告你，让你付出代价！"

我身高6英尺2英寸，体重195磅，有一双大手。现在显然是发挥我身体优势的时候了。我抓住这个孩子颈后两侧的肌肉，用力一捏。他立刻跌倒在地，捂住了脖子。然后连滚带爬地和同伴们一起跑开了，边跑还边回头骂我。

我报了案，晚上接到了警察局的电话，说那4个小恶棍在那一带骚扰商家和顾客已经长达几周了。他们的父母拒绝与警方合作，警方也无能为力，没有家长的协助，他们无从下手。现在再来反省这个事件，我认为社会对这些早期反抗行为的姑息是对少年犯罪最大程度的纵容和滋养。达·芬奇曾经说过："不惩处犯罪的人就是在下令犯罪。"

家庭之外与家庭之内的管教并无很大的不同。使孩子受到约束的原则是一样的，区别只是手段。无论是老师、童子军团长，还是活动组织者，凡是试图以怒气来约束孩子的，都会不可避免地承受失败的结果。孩子们将会发现大人在真正采取行动前能够容忍到什么程度，然后总是把你逼到那个极限。

　　我惊奇地发现，老师和活动组织者们所采用的管教措施常常不能真正约束孩子，有时还正中他们的下怀。我认识一位老师，她经常用大喊大叫、威胁和乞求来让学生们合作。当局面完全失控时，她竟会爬到桌子上吹口哨！孩子们喜欢她这样做！这位老师体重大约240磅，孩子们会在午餐和课间休息时密谋怎样能让她爬上桌子。她无意间成了孩子们的娱乐对象，成了对他们的无法无天行为的奖励。对学生们来说，这比学习乘法口诀有趣得多！他们对老师的态度就像电影里那只兄弟兔，乞求狐狸别把它扔到荆棘中。其实，这正是他们最想要的。

　　当一个孩子违反规则时，千万不要低估他对这件事的认识。我认为，在挑战大人的权威时，大多数孩子都会进行一定的分析，他们会事先想好要做的事，并权衡可能出现的后果。如果赌注太大，赢的机会太小，他们会采取更安全的方式。这一现象已在成千上万的家庭中得到证实，很多孩子在家中会把父母中的一人逼到容忍的极限，但在另一人面前却仍是个甜蜜的小天使。妈妈抱怨道："瑞克很在意爸爸，却完全不理会我。"瑞克不傻，他知道妈妈比爸爸更安全。

　　总而言之，父母必须认识到，有效约束孩子的手段就是巧妙地控制那些对他非常重要的东西。喋喋不休和空洞的威胁对孩子来说没有什么作用。"杰克，为什么你总是改不了，总是犯错呢？我该拿你怎么办呀，儿子？天哪，我总是不得不迁就你。我就是不明白你为什么不能照我的话去做。如果你能听一次，就一次，你的举止就算与年龄相称了。"这样的话常常周而复始，没完没了。

　　杰克忍受着这样的唠叨，日复一日，年复一年。值得庆幸的是，他身体中有一种机能，能让他只听他想听的话，过滤掉他不想听的话。就像生活在铁路周边的人，会逐渐对火车轰隆隆的声音失去反应一样，杰克学会了忽略周围毫无意义的声音。如果这些话对他是有益的，杰克（以及他的同辈们）将很乐意合作。

原则四　不要让孩子陷入物质享受

尽管经济萧条导致物质匮乏，但至少那时候有一个问题比现在容易回答：对孩子的物质欲望说"不"。那时的父母只需简单地告诉孩子，他们没钱去买孩子想要的东西，爸爸能让他们吃饱就很好了。但在物质富足时期，这样的话就变得不可信了。对孩子说"不，我不会给你买'撒尿的小孩'和'擤鼻涕的娃娃'"，比说"对不起，可是你知道我们买不起这些娃娃"需要更大的勇气。

玩具厂商们在电视广告上一掷千金，精心营造出孩子们对昂贵玩具的欲望。无论是喷气式飞机、机器人怪兽，还是自动来福枪，无与伦比的广告制作技巧使这些玩具看起来跟真东西一模一样，让小消费者们看傻了眼。5分钟后，孩子开始挑起战争，最终结果常常是使父亲花费近百美元，外加电池和税金。

令家长头疼的是，父亲常常能够买得起这些新东西，即使不能付现金，至少还有那个颇具魔力的信用卡。当看到邻居其他孩子也同样拥有这个令人垂涎的玩具时，父母开始感到压力，甚至是负疚感。同时，他们为自己纵容孩子的这种奢侈享乐而不安。假设父母有足够的勇气拒绝孩子，他们仍有机会：谁都知道在祖父母那儿更容易得手。即使孩子没能从父母或祖父母那儿得到想要的东西，还有一个简单的途径：圣诞老人！当孩子向圣诞老人要礼物时，父母就落入无法逃避的陷阱。他们能说什么呢？能说"圣诞老人买不起"吗？能真的让那个身穿红衣的快乐胖老头忘记买礼物，而令孩子失望吗？当然不会，玩具会在圣诞老人的雪橇里的。

　　有些人会问："为什么不呢？为什么不能让孩子享受到今天美好富足的生活呢？"对于孩子们合理的物质要求，我当然不反对。但是，许多当今的美国孩子都已淹没在过度的物质享乐中，这将不利于他们的健康成长。有人说：相对于贫困，富足对品格提出了更大的挑战。我同意这个观点。

　　如果让孩子感到无论他想要什么，无论什么时候想要，他都有权得到，那么，这种感觉将无法使孩子拥有感恩之心。在生日晚会上或在圣诞节，孩子们打开成堆的礼物时的反应发人深省。对一件又一件昂贵的礼物，孩子只是不经意地一瞥，然后就丢到一边。妈妈通常会对孩子的冷漠和不知感激感到不安，她会说："马文，看这是什么？是一台小录音机！你要对奶奶说什么吗？去和奶奶拥抱一下吧。听到我的话了吗，马文？快去拥抱、亲亲奶奶呀。"

　　马文可能会、也可能不会对奶奶说感谢的话。他反应冷漠的根源在于：凡是轻而易举得到的东西都没有多少价值，不论买的人花了多少钱。

　　不能满足孩子所有的物质要求还有一个原因，当你给予他过多的时候，其实是剥夺了他的某些乐趣，这听起来似乎有些自相矛盾。但是，每年感恩节时，一个能够说明这个理论的经典例子都会在我家出现。我们家非常有幸，有几位很擅长烹饪的人，一年之中，总有几次他们会大显身手。传统的感恩节大餐一般包括火鸡、调味酱、蔓越莓果酱、土豆泥、甜薯、豌豆、热面包圈、两种沙拉，以及6道或8道菜肴。

在1990年患心脏病之前，每逢节假日，我会与家人同享看起来不太优雅但内容精彩绝伦的美食。全家人一起吃到难受，肚子里没地儿，方肯罢休。然后，苹果派、奶油蛋糕和其他新鲜美味的食物又被端上桌来。我们似乎都撑得不可能再多吃一口了，但竟然又吃了一些。最后，直到撑得弯不了腰，我们才蹒跚着离开碗碟，找个地方躺下来。

大约下午3点，饱腹感刚刚开始缓解，就有人在分发糖果了。晚餐时间到了，没有人感觉到饿，可我们一日三餐都已计划好了。于是，火鸡和三明治卷端了上来，接着是馅饼。在那个时刻，每个人都是眼神空洞、心不在焉地往肚子里填着他们既不想吃也感受不到美味的大餐。这种荒谬可笑的局面一般要持续两三天，直到人们一想起吃就恶心为止。美食本是人生一大乐事，但当人的胃口被过度满足时，人们就失去了享受的滋味。

这个例子包含着一个更广泛的原则，应引起我们思考。当强烈的需求得到满足时，快乐将油然而生。如果没有需求，就不会有快乐。对一个快要渴死的人来说，一杯水比金子还要宝贵。这一原则同样适用于孩子。如果你不给孩子对某种东西产生强烈需求的机会，他将永远享受不到"得到的快乐"。如果你在他会走路前给他买三轮车，会骑车前给他买自行车，会开车前给他买汽车，在他懂得金钱的价值前给他买钻石戒指，那么，当他得到这一切的时候，他享受不到快乐，也不知感恩。这样的孩子是不幸的，他们永远没有机会对某些东西产生渴望，体会昼思夜想的滋味。也许，本来他会为得到它而付出劳动，因强烈的愿望而得到的东西将会被孩子视为战利品和宝贝。我建议你让孩子体会暂时得不到的感受，这会给他带来更多乐趣，同时也能为你省钱。

结束这个话题之前，我想与大家分享一个相关的例子，它发生在我父亲生命的最后时刻。我父亲患有严重的心脏病，生命垂危。当他预感到死亡即将来临时，他对生命表现出更大的热情。经历的一切都令他着迷，从科学到艺术。他甚至观察研究了聚集在他房子周围的鸟，并与鸟交上了朋友。他给每只鸟都起了名字，并亲自喂食。然后就发生了下面的事——八哥事件。

出于某种原因，八哥妈妈在它的4只小鸟宝宝能够自己觅食之前抛弃了它们。这使得杜布森一家陷入紧张状态，他们尽一切可能挽救小鸟宝宝。显然，这些小八哥遭受了不公平待遇，并且疾病缠身。我父亲是个最见不得有谁处于困苦中的人，于是，一场救助行动开始了。几周后，我收到了母亲的来信，信中描述了他们的小鸟朋友。

　　亲爱的吉姆，如果我有你那么好的文采，我会把过去11天中，我和你父亲在小鸟世界中的一切栩栩如生地描绘出来。你知道的，那4只幸存的小八哥，伊尼、梅尼、米尼和莫伊，被赶出了它们在屋檐下的窝，我们收养了它们。它们的羽毛散乱下垂，整个身体只能看清楚腿、翅膀和嘴。它们总是叽喳叫着要吃，吃饱后叫声就变成了轻柔可爱的摇篮曲。它们长得很快，我们给它们准备的第一个舒适的家已经太小了，你父亲把它们转移到一个大盒子里，使它们逃不出去。它们与外界唯一的连接是头顶上那个2×3英寸的洞口，它们似乎知道这个小口意义重大，于是常常挤作一团，抬头向上看，嘴里发出动听的叫声。当你父亲和我们的狗西吉从上俯瞰它们的时候，4只小八哥就张开小嘴叽喳鸣叫，似乎在说："虫虫！虫虫！"

4个小家伙渐渐长大了，你父亲把它们安置在树枝上。有时，它们跳到地上，在院子里跟着你父亲到处转，紧贴着他的鞋不离半步。小八哥们乱蹦乱跳，使你父亲很难保持平稳的步调。

一开始，我们不知道应该喂它们什么。你父亲给它们找来软面包和牛奶，用小镊子夹着面包蘸着牛奶，再放到它们张大着的嘴中，还喂它们虫子、谷物，用眼药水瓶喂水。但是，第9天的早晨，你父亲发现莫伊死了，怎么办？第10天的下午，梅尼也死了。第11天晚上，他低头注视着两只余下来的小鸟，就在此时，米尼发出一声长叫倒下了，伸直了腿，死了。就剩下伊尼一个了，它是最强壮、最具活力和个性的。可就在今天早晨，它发出了虚弱绝望的叫声，只活到了中午。当你父亲弯腰看它的时候，伊尼认出了他，身体朝向他发出了最后的叫声，死去了。

我们俩太伤心了，小八哥们是那么努力地想活下来飞上蓝天呀，可我们没能帮助它们。你父亲对这些小生命的爱以及失去它们的悲伤，让我看到这个与我共同生活了43年的男人的心灵深处。还会有人奇怪我为什么爱这个男人吗？

你的母亲

　　这位我母亲深爱的男人并不长寿，1个月后他去世了，当时正坐在餐桌旁。父亲倒在母亲怀中前的最后一个动作，是做谢饭祷告，但是，这顿饭他没能吃上。

　　小鸟们的死是怎么回事儿呢？最好的解释是我父亲给它们喂食太多了。小鸟们不断地索要食物，父亲被蒙蔽了。为了满足它们的需求，我父亲实际上是害死了这些他不顾一切想要挽救的小鸟。

　　这一点看明白了吗？我们为人父母的也是一样，如果出于对孩子伟大的爱，而屈服于孩子对物质越来越多的需求，也会给他们造成不可挽回的伤害。有时，我们最好的回答是："不！"

原则五　在爱与管教中建立平衡

　　这是我们所要讲的最为根本的原则，整个亲子关系立足于这个原则之上，它存在于爱与管教之间精心维系的平衡之中。爱与管教这两个变量之间的相互作用是至关重要的，良好的相互作用就是我们成功育儿的公式。

　　我们已经探讨了其中的一个因素：管教，以及压制和纵容的极端做法对于孩子的影响。另一个因素，父母之爱也同样非常重要。如果孩子在家庭中得不到父母中至少一人的疼爱，就会像离开了水的植物一样日渐枯萎。

　　几十年前人们就知道，缺少爱和抚摸的婴儿会死于一种奇怪的病，这种病曾被称为衰弱症。他们出生后日渐衰弱，常在1周岁前就死去。13世纪时，弗雷德里克二世曾在50个婴儿身上做过试验，证实了婴儿的这种情感需求。

他想通过试验知道如果一个婴儿生长在无声的世界中，长大后会说什么语言。为了完成这个令人置疑的试验项目，他安排了许多养母给孩子们洗澡和哺乳，但禁止她们爱抚、拥抱孩子，并禁止她们跟孩子说话。这个试验彻底失败了，因为50个婴儿全部夭折了。数以百计的近期研究指出，婴儿出生后第一年中与母亲的关系对孩子存活影响重大。世间万物中，一个孩子得不到爱是最令人伤心的悲剧。

爱的缺乏对孩子的影响通常是可以预料的，但是，对于过度的爱，或"超级的爱"带给孩子的危害，人们普遍认识不足。在我看来，有些孩子被错误的教养方法给宠坏了，这种错误的教养方法被当作是"爱孩子"。有些美国人完全以孩子为生活中心，把所有的希望、梦想、期待和抱负都寄托在孩子身上。这种心态发展到极致便形成对孩子的过度保护。

我曾接触过一位焦虑的母亲，她说孩子是生活中唯一能带给她快乐的源泉。整个夏天，她大部分时间都坐在窗前，看她的3个女儿在院子里玩。她总是担心孩子们会受伤，也担心孩子们需要帮助时得不到她的帮助，还生怕她们骑车上街。于是，这位母亲无暇顾及其他家事，令她的丈夫常常抱怨。她没有时间做饭、没有时间打扫房间，唯一的工作就是在窗前守护孩子。她的神经时刻处于高度紧张之中，担心那些可知和不可知的危险威胁到她所心爱的孩子们。

孩子的疾病和意外，对于深爱他们的父母来说是难以承受的打击。但对于那些过度保护孩子的父母，即便是最轻微的威胁也会令他们生活在极度焦虑之中。不幸的是，父母不是焦虑生活唯一的受害者，孩子也常常成为牺牲品。他们得不到许可去经历合理的冒险，而这种冒险恰恰是成长和发展的必经之路。在出于过度保护而无法拒绝孩子要求的家庭中，前面所提到的"物质过度"问题往往发展得最为严重。此外，过度保护的另一个常见后果是孩子情感发展的延迟。

在此，我要特别谈到一种不利于孩子成长的家庭环境，这种家庭在当今社会中极为普遍，表现为父亲和母亲管理孩子的方式呈现出两个完全相反的极端。典型情况通常是这样：爸爸是个大忙人，全部精力都在工作上。他常常从早到晚都不在家，回家时，也带回很多工作。他还经常出差，当他偶尔在家又不工作的时候，总是精疲力竭地瘫倒在电视机前看球赛，而且不想被人打扰。他对待孩子的态度逐渐变为严厉而冷漠。他时常发脾气，孩子们渐渐学会了与爸爸保持距离。

与爸爸相反，妈妈对孩子却无微不至，家庭和孩子是她快乐的源泉。实际上，在她心中，婚后逐渐熄灭的浪漫爱焰已被孩子所替代。她担心爸爸对孩子不够关爱、不够温柔，她觉得自己应该作出补偿，于是走向了另一个极端。当爸爸不让孩子吃晚餐就让他们上床睡觉时，妈妈会偷偷塞给他们牛奶和饼干。由于爸爸不在时，妈妈是家里唯一的权威，所以家中管理孩子的总基调是不成章法的放任。妈妈太需要孩子了，以至于不愿去冒险控制孩子，免得孩子不快。

在这样的家庭中，两个家长权威的表现是相互矛盾的，孩子被夹在中间。孩子不尊重其中任何一个，因为双方在互相拆台、破坏对方的权威。根据我的观察，这种自毁权威的家庭是在埋下一颗叛逆的定时炸弹，当孩子进入青春期时，这颗炸弹将会引爆。我见过的最敌意、最具攻击性的青少年就出自这种家庭。

因此，如果想要培养出健康、负责任的孩子，我们必须将爱与管教联手，寻找出平衡的"中间地带"。

总 结

为了避免误解，我将通过正反两方面的论述来强调我的观点。我不是建议你在家施行严厉压制的管教；我不是建议你每天早餐给孩子火腿和鸡蛋时又去打他们，或是让你的男孩交叉双腿、叠放双手端坐在客厅中；我不是建议你让孩子表现得像成年人，从而使你的朋友佩服你的育儿技巧；我并不是在建议你反复无常地惩罚你的孩子，或是当他们不知道错在哪里时，对他们肆意打骂；我也不是建议你以冷漠和距离来表现你的尊严和权威。这些育儿手段不能培养出健康、负责任的孩子。与之相反，我建议你采纳一个简单的原则：当你受到孩子公然的挑战时，果断地赢得胜利。当孩子问："谁说了算？"你要肯定地告诉他：父母是权威。当孩子低声抱怨："谁会爱我？"你要把他抱在怀里，用爱包围他。尊重孩子、维护孩子的尊严，与之相应地，你应要求你的孩子也如此地对待父母。这样，你将成为合格的父母，并享受因此而得到的益处。

THE NEW
DARE TO
DISCIPLINE

第四章

管教原则的具体应用：问题与回答

FOUR
QUESTIONS
AND
ANSWERS

问题与回答

今天，管教孩子已日渐成为极具争议和牵动人心的话题，再加上虐待儿童的事件屡见不鲜，不难想象，我这本关于管教的书很可能被人误解。为了更加清晰地阐明本书的观点，我特别收录了以下问答，这些问题都来自与父母真实的互动。或许这些问答能更好地解释本书的管教原则。

问： 你说过父母应该有一个计划，就是说在培养孩子时要有明确的目标。这对于学龄前儿童适用吗？具体来说，对于18个月—5岁的孩子，我们应当达到什么目标呢？

答： 对学龄前儿童和刚上小学的孩子，你应该传递给他们两个信息。第一，对他说："宝贝，我爱你，爱你超过你的想象。对你爸爸和我来说，你是最宝贵的。我很幸运成为你的妈妈。"第二，告诉他："因为我这么爱你，我必须让你知道应该听我的话。只有这样，我才能照顾好你，使你不受伤害。"对于这个极其重要和复杂的问题来说，这个答案很简单，但或许它能让你开始思考并确立你自己的育儿原则。

问：关于亲子沟通的重要性，我们听过很多。我想问的是，我们需要压制孩子的挑衅行为，但同时又该如何让他表达敌意和不满情绪呢？

答：一个孩子应该有对父母讲任何话的自由，包括"我不喜欢你"，或是"妈妈，你对我不公平"这样的话。这些真实的情感只要是以礼貌的方式表达的，就不应该受到压制。在这一点上，可接受和不可接受的行为之间往往只有一步之遥。任何强烈的反应，甚至是怨恨和愤怒，只要存在，我们都应鼓励孩子表达出来，但父母应该禁止孩子采取骂人和公然反抗的表达方式。比如，"爸爸，你在我的朋友面前伤害了我的感情，你对我不友善"是可接受的表达，"你这个愚蠢的白痴，为什么不在我朋友面前闭嘴"这显然是不可接受的表达。如果孩子能像前者那样理性地表达，父亲就应该坐下来，尽量去了解孩子的想法。如果父亲感到自己错了，就应该有足够宽阔的胸怀向孩子道歉。如果自己的做法是正确的，就应该心平气和地告诉孩子他为什么这么做，以及以后如何避免类似的冲突。在不失父母尊严的情况下与孩子进行良好的沟通是完全可能的，孩子们应该学会如何正确地表达不满。在日后的生活中，这个能力将十分有利于与人交流和沟通。

问：我们领养了一个孩子，他到我们家时2岁。之前，他一直生活在恐惧的阴

影中，我们非常怜悯他。也正是这个原因，令我丈夫和我都不忍心惩罚他，即便他理应受到惩罚。我们还感到自己无权管教他，因为我们不是他的亲生父母。我们这么做对吗？

答： 我想你们正在犯一个错误，这在领养较大孩子的家庭中极为普遍。父母们太怜悯这些孩子了，以至于不愿与孩子对立。他们认为，生活对这些小家伙来说已经够残酷的了，不能再用管教来给孩子雪上加霜。就像你说的那样，这些父母通常感到自己无权对收养的孩子提出要求。

这种充满负疚感的态度将会导致不幸的后果。被领养的孩子与亲生父母抚养的孩子一样，都需要引导和管教。一个最能导致孩子产生不安全感的方法，就是把他当成一个与众不同、不正常或是非常脆弱的孩子来对待。如果父母把孩子当成一个需要庇护的可怜的流浪儿，那么，孩子也会这样看待自己。

对于那些病儿和残疾孩子的父母来说，管教同样难以实施。一个胳膊轻微残疾或是患有其他轻微疾病的孩子，可能会变成家中的小讨厌鬼，这仅仅是因为父母没有为他设立正常的行为界限。我们必须记住，所有处于童年时期的孩子都需要引导和管束，这种需要不会因为生活中遇到的问题和麻烦而消失。有时，这些问题和麻烦使你必须为孩子设立界限，因为，通过爱的管教，你能在孩子面前表现出作为父母的个人价值观。

关于管教被领养孩子的问题，我认为还有一点值得注意。对于那些曾经遭受过身体虐待的孩子，我对上述问题的回答是不同的。如果这个孩子来到领养家庭之前曾受到殴打或其他伤害，那么，在领养家庭中就不应再使用体罚的管教方式。早期的恐怖记忆可能会让孩子无法理解这种惩罚行为的矫正作用，其他形式的管教方式和强烈的爱的表达更适合这些孩子。

问：你认为在家中应该要求孩子说"谢谢"和"请"吗？

答： 应该。要求孩子使用"谢谢"和"请"，可以提醒他们这不是一个"你想要什么就可以得到什么"的世界，尽管父母应当负担他们的吃喝及生活所需。我们还必须培养孩子要以正确的态度作为回报，就像在前面提到的，我们必须教导孩子学会感恩，而这一教育过程是从学习基本的礼貌开始的。

问：我与丈夫离婚了，我必须独自应对所有管教孩子的问题。针对这种情况，您的建议会有所不同吗？

答： 一点儿都不会。不管家庭环境如何，正确管教的原则都不会变。在你这样的单亲家庭中，管教确实会变得很困难。因为面对孩子的挑战，没有人能支持你。你必须扮演父亲和母亲的双重角色，这是不容易做到的。但不管怎样，孩子不会因为你的困难而妥协。你必须赢得他们的尊重，否则你将永远得不到尊重。

问：您谈到在家中需要给孩子设立界限，可孩子们真的希望行为受到约束吗？

答： 当然！在与孩子打了这么多年的交道后，我对此深信不疑。当孩子知道界限在哪儿以及谁说了算之后，他们会获得安全感。也许下面这个例子能更加清楚地说明这一点。假设你正驾车行驶在科罗拉多大峡谷，准备通过一座悬架于离谷底几百米上的大桥。你第一次穿越大桥，心情一定异常紧张。（我认识一个小孩，从桥上往下看时非常害怕，说："噢，爸爸，如果我从这儿掉下去，肯定马上就会摔死！"）此时假设两边没有护栏，你会把车开在哪边？肯定是道路中间！即使你根本不会碰到桥边的护栏，但是，护栏会让你感觉更安全。

实验证明，儿童具有类似的心理。在教育改革运动早期，一位热心的理论家拆除了一所幼儿园的围栏。他以为去除了这些看得见的障碍，孩子们将享受到更多活动的自由。但孩子们的反应却不是这样，他们只是在操场的中间挤作一团，不仅没有跑得更远，连操场的边缘都不敢去了。

明确的界限意味着安全感。一个正常的家庭氛围能让孩子感受到最大限度的安全感。他们不会有麻烦，除非他们自找。只要在界限之内，就能享受到快乐、自由和接纳。如果这就是"民主"一词在家庭中的含义的话，我非常赞同。如果"民主"意味着没有界限，或是孩子以自己设立的界限来对抗父母，我坚决反对。

问：能请您解释一下您所说的"放纵"的含义吗？

答： 我所说的"放纵"是指缺乏有效的父母权威，其结果是孩子的行为没有界限。这个词意味着容忍孩子的无礼、挑衅，以及因缺乏管教而导致的各种混乱。

问：我从没打过我3岁的孩子，因为我怕这会让他学会动手打人，使他成为一个有暴力倾向的人。我这样做，错了吗？

答： 你的问题非常重要，它反映出儿童教育中的一个误区。首先我要强调，家庭里的暴力行为有可能、甚至容易使孩子成为一个有暴力倾向、攻击性强的人。如果他经常遭到充满敌意、反复无常的父母的殴打，或是亲眼看到愤怒的成年人之间的打架斗殴，或是在家中感到没人爱他、欣赏他，孩子很快就会学会这些暴力游戏。因此，没有经过慎重思考的体罚是很危险的。作为父母，你没有权力因为倒霉的事情或糟糕的心情而扇孩子耳光，或是威胁恐吓孩子。正是因为这类不合理的管教，使得一些好心的育儿专家们完全否定了体罚。

然而，我们不应该仅仅因为这种方法被错误地运用，就对其全盘否定。很多孩子对家长的违抗，需要以适当的体罚来解决。当孩子清楚父母的要求，却拒绝服从时，适当的责打是纠正这种态度最迅速有效的方法。当孩子低着头，紧握拳头，要全力对抗时，你要及时清楚地进行处罚。这样做不仅不会激发孩子的攻击性，还会帮助他们学会控制冲动，帮助他们在今后的生活中，与遇到的各种善意的权威和睦相处。为什么？因为这是符合自然规律的。孩子所受的暂时的轻微疼痛，对其一生意义重大。

假设2岁的彼得把桌布扯下来，掀翻了桌上的玫瑰花瓶，导致两眼中间被划破了，从这次痛苦中他明白了如果不知道桌子上放着什么东西就拉扯桌布是很危险的。当他伸手去摸火热的炉子时，他很快就明白了烫的东西是不能乱摸的。即使他活到100岁，也不会再去碰炉子上滚烫的电热圈了。类似的教训还有很多，例如：若猛抓小狗的尾巴，他的手背一定会留下小狗的牙印；趁妈妈不注意爬出高脚椅，他一定马上就会摔落在地上，等等。

经过三四年的时间，他将积累起有关碰撞、瘀伤、擦伤和烧伤的种种经验，并从中学到生活的界限。这些经历会使他成为一个有暴力倾向的人吗？当然不会！从这些事件中获得的痛苦教训会使他们避免再犯同样错误。大自然为人类创造的这些指导机制是多么宝贵啊！

当父母用合理的责打管教故意违抗命令的孩子时，就是在向他传递类似的非语言信息：他们必须明白不仅要避免物质世界中的种种危险，还应提防社交世界中的危险，如挑衅、顶嘴、自私、脾气暴躁，以及其他给自己带来危险的行为。就像物质世界中的不良后果能够塑造行为一样，孩子因故意违抗大人的行为而受到的责罚，能够制约孩子的违抗行为。这样的管教不会传递憎恨，不会使孩子感到被拒绝，也不会使孩子变得更为暴力。

事实上，爱孩子的父母在对孩子施行体罚时，孩子们不难理解体罚的含义。我想起了我的一对好朋友，阿特和金杰·欣格勒夫妇，他们有4个漂亮可爱的孩子。其中一个孩子曾经有过一段"自讨苦吃"的暴躁期。一次在饭馆里，这个男孩不停地违抗父母的命令，最后，阿特把他带到停车场给了他一顿早就该挨的揍。正巧一位女士路过看到了这一切，气愤地斥责父亲虐待孩子，并说要报警。这时，孩子停止了哭泣，问父亲："爸爸，那位女士出什么毛病了？"尽管那位想救助他的人不理解，但孩子自己却对父亲的管教非常理解。无论男孩还是女孩，只要生活在充满爱的家中，就不会怨恨一顿应该受到的责打。而缺乏爱或是被忽视的孩子会憎恶任何形式的管教！

问：您认为对孩子的每一次违抗或挑衅行为都要受到体罚吗？

答：不是。体罚不应当经常使用。有时，你需要给孩子一段时间，让他坐在椅子上反思他的错误行为；你也可以剥夺他的某项权利，让他回到自己的房间去反省；或是在他本来可以玩的时间里让他干活儿，等等。换句话说，你要对孩子的错误行为作出不同的反应，总要走在他前面一步。你的目的是要根据他的"罪行"，以最有益于他的管教方式来解决问题。在这点上，每一位父母都有自己的智慧和灵感。

问：打孩子的时候您会打哪儿？

答：应该限制在臀部周围，这里不易造成永久性伤害。我认为不能打孩子的脸，或是用力猛拉他的胳膊。我在儿童医院工作时，急诊室中常见的一种受伤形式是肩膀脱臼，那是由于父母盛怒之下，猛拉孩子稚嫩的胳膊导致的肩部或肘部脱臼。如果你只打孩子的臀部或大腿部分，我认为是没有问题的。

问：有没有人绝对不应打孩子？

答：任何有过虐待儿童历史的人都不应打孩子，以免再次失去自制力；任何偷偷"享受"体罚他人的人都不应对孩子实施体罚；任何感到自己已经失去控制的人都不应再继续打孩子；此外，祖父母们如果没有得到孩子父母的许可，也不应该打他们的孙辈。

问：您是否认为体罚会最终被法律所禁止？

答： 很有可能。虐待儿童的悲剧已使人们很难理解恶意体罚和对孩子建设性的、积极的体罚之间的区别。在西方社会中，有些人一直在努力想让政府以法律形式介入亲子关系，这样的事情已经在瑞典发生了。在美国，媒体似乎也已下定决心要引入这项立法。如果那一天真的到来，对所有的家庭来说都将是悲剧。虐待儿童的事件将不降反升，因为绝望的父母面对孩子的挑衅无计可施时，一阵"暴打"无法避免。

问：我想问一个一直存在争议的问题：父母打孩子时应该用手还是用其他东西，如皮带或板子。您的建议是什么？

答： 我建议使用不被误解的东西。与我持不同观点的人可以按照自己认为正确的方法去做。对我来说，这个问题并不重要。我之所以建议使用树枝或板子，是因为手应当被看作是用来表达爱的，比如紧握、拥抱、轻拍和爱抚。如果你经常突然用手打孩子，你的孩子就可能不知道什么时候会挨打，甚至看到你突然抬手搔头的动作，都会吓得畏缩。如果你使用适当的东西，就不会出现这种情况。

我的母亲总是用一根小树枝，它不会造成任何永久伤害，但引起的疼痛足以清晰地传递所有信息。一次，当我把她逼到极限时，她甚至让我自己到后院去砍用于惩罚我的工具。我拿回一根大约7英寸长的小嫩枝，枝子打在我身上如同搔痒一般。打那以后，母亲再也不把这种枉费工夫的差使派给我了。

对于我的建议，有些人（特别是那些反对打孩子的人）认为使用某种工具打孩子无异于虐待儿童，我理解他们的担忧。有些父母认为能用

"强权造就公理"，有些父母会大发雷霆而伤害到孩子。事实上，采用哪种管教方式不是最重要的，最重要的是父母必须永远保持爱与管教的平衡。

问： 多大的孩子可以开始挨打？多大就不能打了？

答： 对于15—18个月以下的孩子，父母没有任何理由可以打他。在如此稚嫩的年龄，即便是用力摇动也会导致大脑的损伤和婴儿的死亡。孩子1岁半时，他开始明白你让他做或不让他做的事。这时，他们开始逐渐要为自己的行为负责了。假设一个孩子伸手去摸电源插座或是其他危险的东西时，你说："不能动！"但他看了看你，继续去摸，小脸上带着挑战的微笑，心里在想："我就要这么做！"在这种情况下，我建议你打一下他的手指，让他感觉到疼即可。在这个年龄，轻微的疼痛不仅能够让他记住很久，还能让他开始认识这个现实世界，懂得听父母话的重要性。

停止打孩子的年龄不能一概而论，因为每个孩子在情感和身体发育方面都会有所不同。但是作为一个普遍原则，我建议大部分体罚应该在孩子上学前（6岁）开始逐渐减少，到10—12岁时完全停止。

问： 大家都说违反规则是幼儿的天性，如果真是这样的话，小孩的违抗行为应该受到管教吗？

答： 很多责打都是可以避免的，而且也应该避免。小孩常常因为天性想去摸、咬、尝、闻而打碎所有够得着的东西。但是，他们这种"伸手"的行为不具攻击性，这是一种宝贵的学习方式，不应受到挫伤。我曾看到有些父母时常打他们2岁的孩子，只是因为孩子对于世界的探索。对孩子来说，正常的好奇心受到压制是不公平的。如果把贵重的饰品放在能够吸引孩子的地方，然后因为他"上了你的圈套"而大加斥责，这样做是很不明智的。如果孩子的小胖手伸向柜子底层的瓷茶杯，聪明的做法是设法转移他的注意力，而不是管教。幼儿往往无法抵御新玩具的诱惑，他们极易对不易破碎的玩具感兴趣，父母们应该多准备几样，以便在需要时给他们一些替代品。

那么，什么时候该给幼儿一些温和的管教呢？当他公然对抗父母的口头命令时！当你叫他，他却向另一个方向跑去；故意把他的牛奶杯拍打到地上；你叫他停下，他却飞奔着冲向街道；上床睡觉时大声尖叫发脾气；打他的小伙伴，等等。这些都属于不可接受的行为，应该予以制止。即使在这些情况下，你也不需要用力打他，敲敲他的手指或是让他在椅子上静坐几分钟，都能有效地表达出同样的信息。责打应当留待孩子反抗最为激烈的时候用，通常会在3岁以后。

我觉得很有必要再次重申前面的观点：幼儿时期对形成一个人对于权威的态度是至关重要的。父母要耐心地教导孩子学会服从，但不能要求他的行为像大孩子一样成熟。

在不违反原则的前提下，我坚信在亲子关系中，应该明智地使用宽容和幽默。在当今社会中，孩子在某种力量的逼迫下成长得太快，当他们常常被批评的眼光紧盯时，心灵的泉水会渐渐枯竭。当父母们用"无条件的爱"来替代严厉的管教时，孩子们会从爱中得到更多的力量。在我的家里，永远有宽容的空间。充满房间的喜乐气氛和欢声笑语，是使孩子们干枯脆弱的心灵恢复活力的最好良药。最近听到什么好笑的笑话了吗？与家人分享吧！

问：有时我和丈夫在管教方式上会有分歧，并且会在孩子面前争论。您认为这对孩子有害吗？

答：是的，这是有害的。你和你的丈夫应该相互尊重对方的决定，至少在孩子面前要这样做，事后再来讨论处理两人的分歧。当你们两人公开地相互驳斥时，在孩子眼中，是非会被混淆。

问：您怎样看待家庭会议，怎样看待让每个家庭成员在家庭大事上都享有平等的投票权？

答：家庭会议可以让每个家庭成员都知道其他人非常重视他的想法和意见，这一点很好。最重要的决定应该让所有的家庭成员都参与，因为这是建立同心合一的家庭关系的极好方法。但是，平等投票的想法就做过头了。一个8岁的孩子在家庭事务中不应该与父母享有同等的影响力，每个人都应该清楚地知道，父母才是慈爱的船长。

问：我儿子在家里很听话，但一到公共场所，比如餐厅，他就很难管理，他经常使我在大庭广众之下非常难堪。他为什么会这样？我怎样做才能改变他？

答：很多父母不愿意在众目睽睽之下惩罚或纠正自己孩子的错误行为。他们在家中坚持让孩子行为端正，但是当有陌生人在旁边时，孩子是会"安全"的。这时，你应该知道孩子观察到了这种微妙的差别。他已经了解到公共场所是他的"避难所"，在那里他想怎样就可以怎样，父母们被某种担心束缚住了。处理这种情况的方法很简单：当小罗杰决定当众违抗父母时，就像在家里一样地对待他，但要把他带到一个僻静的地方。如果他是年龄稍大的孩子，你可以警告他说"一回家就会处置你"。罗杰马上就会明白，不管到哪儿，规则都一样，"避难所"并不安全。

问：孩子尿床应该被管教吗？您会怎样对待这个难题？

答：除非是孩子醒来后故意的挑衅行为，尿床（遗尿症）通常是孩子无意识的行为，他不需对此负责。在这种情况下惩罚孩子是父母不可原谅的错误，也是很危险的。当孩子醒来时发现自己尿床了，他会感到很羞辱。而且年龄越大，羞辱感越强。尿床的孩子需要父母付出极大的安慰和耐心，父母应尽量隐瞒这件事，不让孩子成为被嘲笑的对象。如果戳到了孩子的痛处，即便是家庭中善意的幽默也会令他感到痛苦。

关于尿床的研究很多，其原因不尽相同。有些是生理原因，是由于膀胱小或其他身体缺陷所导致。如果是这种情况，要向儿科医生或泌尿科医生咨询相关的诊断和治疗。

另外一些则是由心理原因造成的。任何一种影响孩子情绪的家庭环境变化都有可能导致孩子半夜尿床。在为年幼孩子举办的夏令营中，老师们常把塑料床套罩在小营员们的床上。在最初的几个晚上，离家的焦虑大大提高了他们尿床的可能性，睡在下铺实在是很有风险！顺便说一句，塑料床罩很容易买到，对于需要的家庭来说，是个很值得的投资。尽管它不能直接解决尿床的问题，但却省却了很多事后的"扫尾工作"。

除了上述原因，我认为还有第三个因素导致孩子尿床。孩子在幼儿期时，尿床只是因为他们还不会在夜间对膀胱进行控制。但是，有些父母开始在夜间定时叫孩子起来尿尿，被叫起来时孩子往往还在酣睡之中。随着孩子慢慢长大，能够意识到夜间需要小便时，他常会梦到被叫醒尿尿。甚至在半梦半醒或是被人打扰时，孩子都会认为是被带到了卫生间。对于那些年龄稍大的尿床孩子的父母，我的建议是：即便孩子还是会尿床，也不要再在夜间叫醒他们。

还有一些方法有时是有效的，例如，有一种电子装置，当孩子想要尿尿时能够发出铃声叫醒孩子。如果问题继续存在，你可以向儿科医生或儿童心理学家求助。尽管孩子的问题令人难堪，但最重要的是帮助孩子保持自尊，在他面前尽一切努力掩藏你的不快。

幽默感可能会有用。我收到过一位母亲的来信，记录了她3岁儿子的睡前祷告："现在我要躺下睡觉了，我闭上眼睛，然后我尿床了。"

问：在孩子被管教或责打后，可以允许他哭多长时间？这有限制吗？

答： 是的，我认为应该有限制。只要眼泪代表真实的情感宣泄，就可以让它痛快地流淌。但是，哭泣往往会从由衷的呜咽转变为抗议的表达。真哭一般持续2分钟左右，有时会持续5分钟。之后的哭就是孩子在表达不满的情绪了，其中的变化可以从声音的音调和强度中分辨出来。这时，通常我会给他讲讲引起最初哭泣的原因，然后要求他停止以哭来抗议。在不是非常敌对的情况下，转移孩子的注意力能够很快让他停止哭泣。

问：我曾经因为孩子的不听话而打他们，但似乎没什么效果。这种方法会对某些孩子不起作用吗？

答： 孩子之间的差异之大有时会令人无法相信他们同属人类大家庭。有的孩子只需严厉的目光就能被管住，而有些则需要强有力甚至是痛苦的管教才能给他留下深刻印象。孩子对于父母的认可与接受所需要的程度是不同的，这种不同决定了上述差异。正如我前面提到的，育儿的首要责任是透过孩子的眼睛洞察其心思，从而采取适合于他的管教措施。

现在让我来直接回答你的问题，通常来说，孩子之间的个体差异不是导致责打无效的原因。管教措施的失败往往是由于应用中存在着根本的问题，从而使管教事倍功半。针对那些无视责打、屡教不改的孩子，我曾经做过相关研究。管教失败的原因基本可以归结为以下5种。

1.最常见的原因是：父母的管教反复无常。

在一半的时间里，孩子没有因为某种挑衅行为得到管教，而在另一半的时间里，他却被管教了。我们必须要让孩子知道规则是不可更改的。规则一旦被打破，孩子就会继续尝试去打破它。

2.孩子往往更能坚持到最后，亲子双方都清楚这一点。

孩子如果能够在对抗中坚持到最后，他就赢得了这场战役，摆脱了父母的管教。最不愿屈服的孩子往往会凭直觉认定，不能让父母的管教成功。于是，他们挺直脖子，消磨着父母的意志。解决这个问题的办法就是要坚持得比孩子更长久，并最终取得胜利，即使有时会经历几个回合的对抗。对双方来说，这种体验都是痛苦的，但良好的效果会在日后一再显现。

3. 父母在一两年的时间里没有实施任何管教，却在一夜之间突然开始采用某种管教方式。

在这种情况下，孩子通常需要一段时间来适应新的规则，父母则可能会对暂时的结果感到沮丧。但是，父母们应该振作起来，只要坚持，就会见效果。

4. 可能打得太轻了。

对孩子来说，如果挨打不疼，下次也不会害怕挨打。对一个两岁半的孩子，在他裹着厚厚尿布的屁股上打一巴掌是起不到任何威慑作用的。在掌握好打的力度的同时，还要让孩子感受到你要传达的信息。

5. 对少数孩子根本不适用。

例如，行为亢奋的、有精神障碍的孩子，可能会因体罚而变得更加野蛮和难以管教；曾经受过虐待的孩子可能会将出于爱的管教当作敌意的攻击；极度敏感的孩子也需要区别对待。总之，对每一个具体的孩子都应采取专门适用于他的管教方法。

问：十几岁的孩子如果不服从父母，表现粗野无礼，父母是否可以打他？

答： 不能。因为十几岁的孩子非常希望被当作成年人看待，他们最恨自己被当成小孩子。在这个年龄段，挨打是他们最大的耻辱，他们憎恨挨打是有理由的。除了这个原因，还因为责打对他们已经不起任何作用。对青春期和十几岁的孩子的管教方法有以下几项：取消某种特权、经济制裁和其他非体罚形式。充分发挥你的创造力吧！

回想起我自己叛逆的青春期，我认为我母亲是位阵地战的高手。我父亲是位全职牧师，经常在外奔波，于是，母亲承担了养育我的主要责任。我的青春期没少给老师们找麻烦，甚至有几次被叫到校长办公室接受严厉的训斥，还挨过那根意味着耻辱的橡胶管的抽打（那个年代是被允许的）。但是，这些管教都没有改变我恶劣的态度，母亲对我的不负责任和下滑的成绩越来越失望。很快，我就把她逼到了忍耐的极限。

一天放学回家，母亲让我坐下来，语气坚定地说："我知道你在学校到处鬼混，不完成作业。我也知道你在老师那儿惹了不少麻烦。"（似乎总是有一队侦探在向她报告我的行踪。但是现在我知道那是敏锐的头脑、犀利的目光和难以置信的直觉告诉她的。）她继续说："现在，我已经想好了，我不打算对你做过的事情采取任何行动，我不会惩罚你，也不会剥夺你的任何权利，我甚至不想再提这件事儿了。"

一丝放松的笑容刚要浮上我的脸庞，母亲说："但是，我想让你明白一件事，如果校长再打来电话告你的状，我向你保证第二天我要跟你一起去学校，整天在你屁股后面跟着你。你在学校走路和吃饭的时候，我要当着你朋友的面牵着你的手，并且介入所有你和别人的交谈。你坐在座位上的时候，我会找把椅子坐在你旁边，或者干脆跟你坐在同一个座位上。整整一天我将跟着你寸步不离。"

我完全被这些话吓坏了。如果让我"亲爱的老妈"在朋友面前到处跟着我，无异于自我毁灭社交生活呀。没有比这更严重的惩罚了！我敢肯定老师们一定深感奇怪，为什么我突然之间改变了不良行为，而且在高中第一学年年末的成绩取得了巨大飞跃。这一切的变化归根到底，是因为我不能冒险让妈妈再接到校长的告状电话。对于一个十几岁的孩子来说，我母亲很清楚责打不是最好的管教方法，她想出了比这更好的妙招。

问：我4岁的女儿经常哭着跑回家，因为被她的一个小朋友打了。我曾经教导她打人是不对的，但是现在那些打人的小朋友却让我的小女儿生活在痛苦之中。我该怎么办？

答：我认为你教导女儿不能打人和伤害别人是非常明智的，但是，自卫是另一个方面。孩子们不会怜悯一个没有自卫能力的孩子。孩子们一起玩的时候，每个人都想得到最好的玩具，每个人都想制定最有利于自己的游戏规则。如果他们发现只要挥动拳头去打同伴，就能占上风的话，那么，一定会有人受到伤害。我敢肯定，在这个问题上有人不同意我的观点，但是我坚持认为你应该教导孩子在受到攻击时进行还击。

最近我为一位妈妈做过咨询，她担心自己3岁的女儿安琪没有防卫能力，一个邻居的小孩会为一点儿小事就抓破安琪的小脸。这个名叫琼的小霸王是个个子很小的娇柔小女孩，但由于妈妈教导安琪不能打人，琼在与安琪的关系中从未体验过回击和报复的滋味。我建议安琪的妈妈告诉她，如果琼再打她就要还击。几天后，安琪的妈妈听到外面一阵激烈的吵闹，接着是短暂的混战。然后是琼哭着回了家。这时，安琪手插在兜里，悠闲地走了进来，解释说："琼打了我一下，所以我不得不让她记住下次不能再打我。"安琪有效地运用了以眼还眼、以牙还牙的原则，从那以后，她和琼一起玩的时候和平多了。

通常来说，父母要向孩子强调打架的愚蠢和错误，但是，强迫孩子站在那里被动挨打，无异于把他交在冷血同伴们的手中任人肆意摆布。

问：回顾您25年来与父母、孩子打交道的经验，您觉得最好的管教建议是什么？什么技巧和方法能让我们比那些试图管教孩子而不得法的父母们更好地管理孩子？

答：我的回答也许不是你所期待的，但它确实是我长期观察的结果，并被证实是有效的。让孩子做你想让他做的事的最好办法是在管教难题出现之前，花时间与他们一起嬉戏玩耍，共同分享欢笑和喜悦的时光。在这充满爱和亲密的时刻，孩子是不会尝试挑战和试探界限的。与孩子建立友谊能够避免对抗，并使他们愿意在家中与父母配合。这是战胜因孩子叛逆而产生怒气的有力法宝！

问：我现在认识到我曾经对孩子做过很多错事，我能弥补这些伤害吗？

答：一旦孩子进入青春期，想要扭转趋势就太晚了；在此之前，你还有机会向你的孩子慢慢灌输正确的态度。所幸的是，我们都被允许在孩子身上犯一些错误，没有人是完美的。父母的偶尔过错并不会毁坏孩子，童年环境中不利因素的持续影响才会毁坏孩子。

THE NEW
DARE TO
DISCIPLINE

第五章

神奇的工具（一）

FIVE

THE
MIRACLE TOOLS
PART 1

　　在前面几章中，我们探讨了父母应该如何应对孩子的"挑战"。现在，我们来看看在没有对抗的情况下，应当如何引导孩子。在一般情况下，父母都希望孩子更有责任感，但这并非易事。妈妈怎样才能让孩子按时刷牙、收拾好自己的衣服，或是表现出良好的餐桌礼仪呢？如何教导孩子的金钱观？如何帮助孩子改掉不良习惯，比如抱怨、马虎，或是懒散呢？又如何克服磨磨蹭蹭的毛病呢？

　　这类行为中不涉及父母与孩子之间的直接对抗，不能使用我们之前所讨论的应对方法。因孩子的不成熟和孩子气而惩罚他们是不明智的，也是不公平的。对于那些有远见卓识的父母来说，有一种更为有效的方法。

　　第一位教育心理学家桑代克（E. L. Thorndike）于1920年代提出了一套行为理论，被称为"强化定律"，对父母们很有帮助。后来，这个理论成为了心理学的一个分支——行为主义的基础。行为主义是我坚决反对的。在斯金纳（B. F. Skinner）和华生所描述的行为主义的概念中，包含着一个令人难以置信的观点，即心灵是不存在的。我的一本大学教科书中说行为主义是"没有心灵的心理学"。说得多好！行为主义把人类的大脑视为一个简单的交换机，它仅仅把刺激和输入连接至输出的反应。

尽管我不同意桑代克书中的推断，但由他最初提出的定律对父母们无疑是有帮助的。简单地说，强化定律是指"如果通过某种行为得到了想要的结果，这种行为就会被重复"。换句话说，如果某人喜欢他的某种行为所产生的结果，那么，他就会继续重复这个行为。如果雪莉的一套新衣服使她受到很多男孩注目，她就会老想穿这套衣服。如果潘科用一个网球拍赢得了比赛，而用另一个网球拍输了比赛，他就会更喜欢使用那个使他赢得比赛的球拍。这个定律非常简单，但却极富启示。

在本书的第一版中，我记录了在我们家的小狗西吉身上运用这个定律的故事。西吉活了15年，是只长寿的德国猎犬，现在已经离我们而去了。运用强化定律训练这只顽固的狗狗很有意思，同时，狗狗自己也对此很感兴趣。例如，多数德国猎犬不用教就会坐直，因为这是体型较长的动物的自然反应。但西吉却不是这样！毫无疑问，它是世上最与众不同的动物。它1岁的时候，我认为它的脑子有点慢；它2岁的时候，我开始猜测它的精神有点问题；西吉在我眼中逐渐成为了一个顽抗固执的坏家伙，只想按自己的想法行事。

总之，如果没有食物的刺激，西吉就不会配合做任何促进自身发展的运动。它尤其喜欢饼干，而我正利用了这一点。我支撑着西吉，让它坐直，要求它保持一两秒钟不落下来，然后奖励它一块巧克力饼干。西吉很喜欢这种饼干。我再次扶它起来，它若能坚持身体不落下我就喂它一块饼干。西吉满屋乱跳，想从我手里得到剩余的饼干，但是只有继续练习才能得到。很快，西吉开始认识到这一点。

这个好笑的训练持续了半个小时后，西吉清楚地接收到了我所传递的信息。只要看到饼干，它就不再四脚着地，马上直立起来了。此后的一整天里，都会看到它屁股撑地坐着，向我要吃的。我开始后悔不该和它玩这个游戏，因为如果我不再理会它的要求，我就会内疚。毕竟最初这是我的主意，此刻，我必须到厨房去为它找些吃的。

　　这个定律在训练西吉追球时也同样有效。我把球扔出10英尺远，然后拽着它的脖子到球那里，让它张开嘴，把球放进嘴里，再引它回到原地，一块燕麦饼干正在终点等着它。这次，取得西吉的合作变得容易多了，因为它开始领悟到为得奖赏而工作的概念了。这个概念逐渐在西吉的脑子里扎下根，它开始创造性运用，以得到自己的利益。如果一家人为了看晚间新闻，而端着托盘坐在沙发上吃晚餐，西吉就会选择每个人的视线都会经过的地方，好好地坐下，摇摆着讨口吃的。

　　很多实验表明，在对动物复杂行为的训练中，强化定律的运用取得了显著成效。例如，有人让一只鸽子检查流水线上的无线电零件，把有毛病的零件挑出来后，可以奖励一把谷粒。鸽子一整天都坐在那里，专注于自己的工作。可以想象，单位对此可能有些担忧，因为鸽子不会要求有喝咖啡的休息时间，也不会要求额外福利，而且所需的工资也是不可想象的低。通过运用同样的奖励机制，其他动物也表现出某些人类才会拥有的技能。

　　看到这里，读者可能会想：孩子和动物之间存在着不可逾越的鸿沟，这些定律在孩子身上能起什么作用呢？回答是：人类也同样被自己所喜欢的东西刺激，这一点在教导孩子为自己的行为负责方面非常有用。但是，无计划地随意给点儿礼物或是奖励，这是不会起什么作用的。要使强化定律的作用得以充分发挥，我们还必须遵守以下几项具体原则。

1. 奖励必须快速兑现

要使一项奖励的效力最大化，就要在所期待的行为出现后快速兑现。父母常犯的一个错误是，许诺给孩子的奖励太过久远，这样的奖励很少会有效果。例如，父母许诺9岁的乔伊，如果他能在未来7年中努力学习，那么16岁时就会奖励他一辆汽车，这样的奖励对孩子来说是空洞无效的。二三年级的小学生常会得到家长这样的许诺，如果一整年都表现良好，明年夏天就能到奶奶家过暑假。这种奖励通常不会让孩子们变得听话。如果对玛丽说，要是她能在7月份一直保持自己的房间整洁，就能在圣诞节时得到新的洋娃娃，这样的奖励也同样达不到想要的效果。无论是在心智发展，还是在成熟度上，大多数孩子都不能把一个长期目标牢记在心。对他们来说，时间过得太慢了。强化的目标遥不可及，激不起他们为之努力的兴趣。

对于动物的奖赏应该在它完成任务后的2秒钟给出。如果让一只老鼠学走迷宫，在终点放一块奶酪等着它，比到达终点5秒钟后再给它奖赏令它学得更快。尽管孩子们比动物的忍耐力要强，但是，奖励的效力会随时间的延长而减弱。

在治疗儿童自闭症的过程中，人们已经成功地运用了即时强化的原则。自闭症类似于儿童精神分裂症，病儿不能与父母或其他人正常交往，没有口头语言，经常表现出古怪的失控行为。什么是这种令人烦恼的疾病的病因呢？有证据表明，似乎是自闭症患儿的神经中枢系统存在着某种生理机能的故障。不管病因何在，自闭症都是极难治愈的。

医生该如何帮助一个既不说话、又对任何人都不理不睬的孩子呢？经历了太多的治疗失败后，伊瓦尔·洛瓦斯（Ivar Lovaas）医生和他的同事们在多年前开始尝试运用奖励的强化治疗手段。在加利福尼亚大学洛杉矶分校中，他们实施了一个针对自闭症儿童的研究项目，旨在鼓励他们说话。最初，只要孩子的嘴里发出一点声音，就会得到一块糖作为奖励，无论是咕哝声、呻吟声还是咆哮声。接下来，若孩子能够发出某个特定的元音时就奖励他。比如，在教元音"O"的发音时，只要孩子们在朝正确的方向努力，任何偶然发出的声音都会得到奖励。随着孩子的进步，研究人员开始要求他们说出某种东西的名称或是某个人的名字。然后，再让他们说出两个词的词组，接着是更复杂一些的句型。通过这个简单的程序，这些不幸的孩子学会了一些言语。

与此同时，研究人员在引导自闭症患儿与人交往方面也使用了同样的方法。一个孩子被放到一个又小又黑的盒子里，盒子只有一扇能够推拉的木窗。医生坐在外面，面对着窗户。只要孩子向外看着医生，窗户就一直打开着。但当孩子思想游移开始左顾右盼时，窗户就会被关上，把孩子留在黑暗中几秒钟。虽然患有严重自闭症的孩子还不能完全转变为正常人，但是，强化治疗确实让他们拥有了某些文明行为。治疗自闭症成功的关键是：所期待的行为一经出现，即刻给予奖赏。

强化定律不仅能有效地帮助自闭症患儿，也能帮助解释孩子在家庭中的行为方式。比如，父母常常抱怨孩子缺乏责任感，但却没有认识到，孩子缺乏责任感的行为是他们从生活中学来的。大多数的人类行为都是学来的：无论是被期望的还是不被期望的。孩子们学习笑、玩、跑、跳，也学习抱怨、欺凌弱小、�‌嘴生气、打架、发脾气或是成为野丫头。这其中看不见的老师就是强化定律。孩子会不断重复那个给他带来成功的行为。一个孩子在家里可能会十分合作，愿意帮助别人，因为他很喜欢父母因这些行为而给予他的好处。另一个孩子因为同样的原因，可能表现为常常噘嘴生气。当父母在孩子身上看到你所不喜欢的特性时，就应该通过“让好行为成功，让坏行为失败”的方法来教给孩子更多好品行。

下面是马尔科姆·威廉森博士（Dr. Malcolm Williamson）和我共同设计的一个分步骤的计划表，是我们在洛杉矶儿童医院工作时完成的。这个体系对4—8岁的孩子非常有用，可以随孩子的年龄和成熟程度作适当调整。

a.表格中列出了父母希望孩子逐渐学会的责任和行为。表格中所列出的13项内容要求较高的合作和努力，这比一个5岁孩子的日常行为能力高出不少，但正确运用奖励机制可以让孩子们感到这是一项有趣的游戏，而不是工作。迅速强化是关键；每晚要在孩子做得好的地方贴上彩色的小贴画或是星星。如果没有小贴画，可以用水彩笔在小格内涂上颜色。不管什么样的方式，都应该让孩子记录下自己的成功。

b.一天当中，对每一个正确行为都应该奖励2美分；但如果一天中有3项内容没有完成，就一分钱也得不到。

c.因为孩子一天最多可得26美分，这为父母们提供了一个绝好的良机来教导他们如何管理钱财。我们的建议是：允许孩子每周从这些所得中花掉60—80美分，可以特别为此计划去一趟商店或玩具店。奖励冰淇淋曾经是最为方便快捷的强化手段，但现在越来越多的父母开始限制孩子脂肪和糖的摄入量。在剩余的美元中，可以要求孩子拿出20美分奉献给慈善机构。这样他每周应该能存大部分美分，存的钱长期累积起来，可以作为孩子想要或者需要的东西的长期支出。

　　d.奖励行为的清单不是一成不变的。一旦孩子养成了某些良好的习惯，如挂好自己的衣服、喂小狗或是自己刷牙，父母应该以新的责任取而代之。每个月都应当制作一张新的表格，孩子可以对修订的内容提出建议。

我 的 工 作							
	周一	周二	周三	周四	周五	周六	周日
1.自觉刷牙							
2.睡前整理自己的房间							
3.自觉收拾好自己的衣服							
4.主动喂鱼							
5.主动倒垃圾							
6.听妈妈的话							
7.听爸爸的话							
8.今天对弟弟比利很友好							
9.吃了维生素药丸							
10.今天说了"谢谢"和"请"							
11.昨晚上床睡觉没发牢骚							
12.今天给狗狗喂了干净的水							
13.叫我吃饭时我洗了手并很快来到饭桌旁							
合计							

　　这个计划表的主要目的是培养孩子负责任的行为，除此之外，这个计划表还能带来其他益处。例如，孩子能够学会算账，学会在值得花钱的地方花钱，开始建立储蓄的概念，学习约束和控制自己的感情冲动，了解金钱的意义，学会明智地使用金钱。父母们也同样大大受益于这个计划表。一位4个孩子的父母在使用了这个方法后，告诉我他们家里的噪声分贝大大降低了。

　　请注意：这个计划表与本书第一版中的表格几乎完全一样。从那时直到现在，关于这个表格我听到了很多成功的例子，但也听到少量的抱怨。最常见的负面意见是有些父母认为，这个复杂的计量工作成了他们每晚繁重的负担，因为通常需要15—20分钟的时间来贴小贴画和数钱。如果这确实成为你家庭中的一个问题，我的建议是减少表格中的内容。只选择5项重要行为，对每个行为设立的奖励是3—5美分，目的同样也能达到。应用的关键在于：让这个计划表为你服务，根据你的需要加以调整。不管怎样，我可以保证，只要正确使用，它一定会有效。

　　如果强化定律如此行之有效，为什么不广泛应用呢？遗憾的是，很多成年人把奖励看作一种贿赂，因而不愿使用奖励手段。仅仅因为观念上的误解，作为最为有效的教育手段之一的奖励就被忽视了。事实上，我们整个社会就是建立在这种强化体系之上的，但我们却不愿将它应用于最需要的地方：教养孩子。作为成年人，我们每天上班，在周五那天得到工资支票。这能说是老板对我们的贿赂吗？勋章奖给勇敢的士兵，荣誉奖章颁发给成功的企业家，纪念手表送给退休的员工。奖励告诉人们一切负责任的努力都是值得的。这就是成人世界中的规则。

我听说过一个发生在大学化学课上的故事。班上最用功的学生布雷恩·麦古菲为这门课的第一次考试做了充足准备，终以90分成绩得了个实实在在的A。另一个学生拉尔夫·里波夫平日很少翻书，未做任何准备就来参加考试，结果以50分的成绩得了个F。

但是，教授却是位平均主义的忠实信徒。布雷恩比及格线高出20分，而拉尔夫还差20分，这看起来似乎不够公平，教授为此深感不安。于是，他重新分配了他们的分数，让两个人都得了体面的"C"。后来，布雷恩不再为化学考试而努力学习了。这能怪他吗？平均主义是激励机制的毁灭者，因为平均主义惩罚创造力和勤勉工作，奖励平庸和懒散。

有些父母在家中施行迷你型平均主义制度，孩子们的需求和渴望得到的一切都由父母供应，与勤勉和自律毫无干系。他们希望孩子成为有责任感的人，只是因为这是一种高尚的品德；他们希望孩子纯粹是为了获得自我实现带来的快乐而付出努力，而不是为了物质奖励。大多数父母都不愿以奖励来激励孩子的努力。

你打算如何让一个5岁的孩子做出表格上的那些行为呢？除了我所建议的

"贿赂"孩子的方式，是否还有其他可替代的方法呢？现实中最常见的替代方式是唠叨、抱怨、乞求、尖叫、威胁和惩罚。反对使用奖励的母亲可能每天晚上上床时都头痛欲裂，发誓再也不生更多的孩子了。她不想使用奖励的方式给钱，担心会加剧孩子的物质主义，但最终她还是要给孩子钱。由于从未自己打理过钱财，孩子们也就没有机会学习如何存钱和明智地花钱。玩具都是用妈妈的钱买的，孩子不会珍惜。最重要的一点是，孩子没能通过强化定律的运用，学习到自律和负责任的行为。

无可否认，作为家庭成员，孩子应该有属于自己的责任。洗盘子和倒垃圾都是他们应该能做的事，不需要强化。我认为不必对孩子为家里做的每一件事都给予奖励，但如果你想让他做得高于基本要求，比如打扫车库，或者你想强化一种更好的态度，就应该采用比唠叨和威胁更为有效的方法！

这个概念至今仍充满争议。我曾对两个持对立观点的家庭进行观察。

达伦的父母从根本上反对被他们称之为"贿赂"的强化定律，因此，达伦在家中的努力从没得到过奖励（报酬）。他痛恨为家里做任何事，因为他的付出得不到回报，做事只是他必须容忍的事。

当达伦不得不在周六修剪草坪时，他磨磨蹭蹭地走进那个他不愿去的地方，无精打采地盯着眼前乏味的工作。可以想象，他只是潦草敷衍地完成了工作，因为他完全没有动力。他的敷衍了事招致了父亲的责骂，整个过程似乎是一段惨痛经历。达伦的父母对他并不吝啬，他们提供给孩子一切需要的东西，甚至还给零用钱。当"全州博览会"在他们的城镇举行时，他们还会专门给达伦一些钱。由于他们给孩子的钱没有与孩子负责任的行为联系起来，这些钱对孩子来说产生不了动力。达伦在对工作的痛恨中长大，他的父母无意间强化了他不负责任的态度。

布雷恩父母则不同于达伦父母。他们认为孩子如果做了超出他职责范围的家务事，就应该得到报酬。比如，布雷恩倒垃圾，或是整理自己的房间，这是他职责内的事，他不应得到报酬；但如果他在周六给栅栏涂了油漆，就能得到报酬。与他在外面能挣到的钱相比，这种工作的小时工资很有吸引力。布雷恩热爱他的工作。他很愿意清早起床后向院子里的杂草发起攻击；他常常数钱、工作、看表、再工作、再数钱。有时，他下课后急忙赶回家，争取在天黑前干上一两个小时活儿。他开立了自己的银行账户，仔细打理着自己辛苦挣来的钱。布雷恩在邻里孩子中间享有很高的声望，因为他的兜里总是有钱。他不常花钱，但只要想花，他就能花。这就是权利！存到一定数目，他把钱从银行全部提出来，换成崭新的1美元的钞票。然后把那28张钞票叠起来，放进五斗橱的第一层抽屉，偶尔不经意地展示给达伦，以及其他赤贫的朋友们。工作和责任是他取得地位的关键，布雷恩很好地掌握了这两个要素。

布雷恩的父母从不白白给他一分钱，他们给他买衣服和生活必需品，但所有的玩具和个人想要的东西，布雷恩都要自己买。从家庭经济的角度看，他们花的钱并不比达伦父母多，只是他们花的每一分钱都与孩子的行为联系在一起。我认为布雷恩父母的方法更为有效。

正如前面提到过的，对父母来说，知道何时使用奖励，何时采取惩罚是非常重要的。当孩子挑战父母权威时，我不建议你使用奖励。例如，妈妈说："莉莎，收好你的玩具，朋友们马上就来了。"莉莎没有按妈妈的话去做。这时，妈妈如果用一块糖换取莉莎的合作就是错误的，因为这实际上是在奖励孩子的挑衅。

如果父母们对以上母女这种直接冲突仍有困惑，我建议你再去读读本书的第一至第四章。奖励不能替代权威；奖励和惩罚在儿童管理中各司其职，混淆将导致失败。

2.奖励不必一定是物质的

我女儿3岁时，我开始教她一些前阅读技能，包括字母表。当时，我不像现在这样在意营养成分的摄入，常以巧克力糖当作强化手段的奖励。一天下午，我正坐在地板上让丹妮练习新学的字母，一声巨响震天动地。我们全都跑出去看究竟发生了什么，是个十几岁的孩子开车出事了，撞击声震动了整个安静的居民区。男孩伤势并不严重，但他的车翻了。我们马上向正在冒烟的车喷水，以防汽油着火，同时打电话报警。直到我们从紧张中松了一口气时，才意识到女儿没有跟着出来。

我回到屋里，发现她趴在地上，胳膊埋在我留下的2磅糖中间，她已经吃下至少1/4磅巧克力，其余的也都布满了她的下巴、鼻子和前额。看到我回来了，她又努力往花栗鼠一般的小嘴里塞了最后一把糖。这次经历让我知道了物质奖励的一个局限性，至少用食物是有局限性的。

任何对于一个人来说值得争取的东西，都可以用来强化他的行为。对动物来说，最有效的奖励是那些能够满足它们身体需求的东西；而人类则需要进一步的激励以获得心理上的满足。例如，有些孩子更愿意得到大人由衷的赞美，而不是10美元钞票，尤其是当着其他孩子的面。所有年龄段的孩子和成人都在不断追求情感需求的满足，这种需求包括渴望被爱、得到社会承认和自尊。除此之外，他们还追求刺激的感觉、才智的激发、娱乐和喜悦。

大多数孩子和成人都对同伴们的想法和言辞非常敏感。因此，语言的强化可以成为人类行为最有力的激励。请注意下面这些话所能产生的巨大影响：

"菲尔——全校最丑的家伙来了！"

"路易斯简直太笨了！她在课堂上从来没答对过。"

"乔肯定会打出界。他总是这样。"

这些恶意的话会像强酸一样灼伤孩子，导致他们行为的改变。菲尔可能会变得沉默、孤僻，常常局促不安；路易斯很可能对功课比以前更加不感兴趣，在老师面前表现懒散；乔可能会放弃对棒球以及其他运动项目的努力。

我自己就曾有过这样的经历。大学时，我认为自己是"运动健将"，积极参加各项运动项目。4年中我一直是网球队的校队成员，后来还当了队长。但是，出于某种原因，我一直对棒球不太感兴趣，起因是我三年级时参加的一次比赛。那天，整个三年级的同学，包括很多女生都在观看这场重要的比赛，一切都在众人的注目中。我作为右外场手站在场上，击球手向我打出平平常常的一个高飞球，而球竟不可思议地从我的手指间漏过，落到地上。我尴尬地捡起球，把它扔向裁判，裁判闪到旁边，让球滚出50码远。时至今日，我仍能听到对方跑垒的选手跑回本垒的脚步声，以及女生们的哄笑声，我仍能感受到自己站在场地中间脸上发烧。从那天起，我离开了棒球场，放弃了这项美妙的运动。

作为成年人，我们同样对周围毫无意义的评论非常敏感。在朋友（甚至是敌人）随意的评论面前，我们常常表现出滑稽可笑和不堪一击。"玛莎，你是不是又胖了几磅？"玛莎也许暂时不理会这个评论，但晚上回到家就会站在镜子前，花上15分钟自我观察，并从第二天早晨起开始她的减肥计划。

"皮特，拉尔夫看起来跟你差不多大，我想他大概46岁或48岁。"只有39岁的皮特此刻可能会涨得满脸通红，对于外表的担忧会让他下决心下个月一定要买假发套。这样一种"个人评价"，我们的听觉器官似乎更易于听取，这种无意中的信息，会深深地刺伤我们的自尊心和自我价值感。

语言的强化作用应该贯穿于亲子关系的始终。现实生活中，父母的话语常常由无数个"不要"组成，孩子们被这些"不要"噎住了喉咙。我们应当做的是花更多时间奖励他们正确的行为，哪怕"奖励"只不过是一句真诚的赞美。记住：孩子的内心有被尊重和被认可的需要，明智的父母应该在既满足他们这种需要的同时，又将正确的价值观和行为教授给他们。下面这些例子可能会对你有所帮助。

妈妈对女儿说："芮妮，你完全能把颜色都涂在这幅画的线条里面，我喜欢干净整洁的画，我要把它贴到冰箱上。"

母亲当着儿子的面对丈夫说："尼尔，你发现今晚是唐自己把自行车放进车库的吗？他以前都随便放在外面，直到我们叫他收他才收。现在他越来越有责任感了，你不觉得吗？"

父亲对儿子说："儿子，谢谢你在我计算所得税的时候能够保持安静，你很能体谅别人。现在我的工作完成了，我有更多时间了，下周六想不想去动物园玩儿？"

　　妈妈对小儿子说："凯文，你整个上午都没有吮手指，我为你感到自豪。让我们来看看今天下午你能坚持多久。"

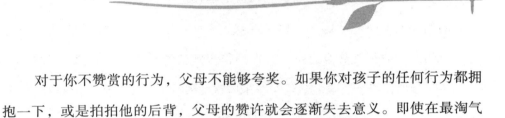

　　对于你不赞赏的行为，父母不能够夸奖。如果你对孩子的任何行为都拥抱一下，或是拍拍他的后背，父母的赞许就会逐渐失去意义。即使在最淘气的孩子身上，只要用心寻找，也能找到值得夸奖的行为。

　　现在，让我们暂时停下来，看几个相关的问答。在下一章中，我们将继续"强化定律"的探讨。

问题与回答

问：我必须整天为孩子所做的每一件小事夸奖吹嘘他吗？如果对他说他做的一切都很棒，会不会宠坏他？

答：是的，过分的夸奖是不明智的。我曾在先前的一本书中提到过，小孩子很快就会明白你的语言游戏，之后你的话在他面前就失去意义了。所以，能够区别奉承与称赞对父母来说很有帮助。

奉承是指孩子不作任何努力就轻易得到夸奖。就像奶奶到访时会说："噢，看看我漂亮的小女孩！你一天比一天更好看。我敢打赌到你十几岁时，不得不用棍子把围在身边的男孩子们赶走！"或是，"噢，多聪明的一个小男孩啊！"奉承就是孩子什么都没有做，却得到大肆的夸奖。

与之相反，称赞可以强化积极的建设性的行为。称赞应当是具体明确的，而不是泛泛的。"你一直就是个好孩子……"这样的表达是不充分的。"我喜欢你今天把房间保持得很整洁"是更好的表达。父母们应该时刻抓住机会，真诚地给予孩子应得的称赞，但要避免空洞的奉承。

问：父母应该强迫孩子吃饭吗？

答： 不应该。现实生活中，餐桌是一个潜在的战场，是父母最容易受到孩子伏击的地方。在餐桌上，你根本不能获胜！一个任性的孩子会像一位优秀的将军那样，时刻寻找有利地形迎击敌人，而不需看得更远。在一些引起父母与孩子之间冲突的事情中，如睡觉时间、发型、衣服、作业，等等，餐桌是孩子占据优势的地方。一天三顿饭，即使是小宝宝也能轻易拒绝张嘴。无论怎样强迫，都不能让他吃他不想吃的东西。

我见过一个3岁小男孩，他坚决不吃绿豌豆，而他的父亲却下定决心一定要孩子吃下这种黏糊糊的菜。这是无法抵抗的强权和不可撼动的目标之间爆发的一场典型冲突，谁都不屈服。经过一个小时的斥责、威胁、哄骗，父亲满头大汗，仍未达目的。孩子眼泪汪汪地坐在那里，紧闭双唇，面对着敌意的绿豌豆。

最后，通过严厉的恐吓，父亲终于设法把一勺豌豆放进孩子嘴里，但孩子拒绝下咽。我不知道后来到底发生了什么，但孩子的母亲告诉我，后来他们没有任何办法，只能把塞了满嘴豌豆的孩子放到床上。令他们感到惊讶的是：孩子的意志力如此坚强。

第二天早晨，母亲在孩子的床脚旁发现了一小堆糊状豌豆，是儿子吐的！这场对决的结果一目了然，儿子1分，父亲0分。告诉我还有其他什么地方，能让一个35磅重的小孩打败一个200磅重的男人？

当然，不是所有的幼儿都如此这般顽固。但是，很多孩子都喜欢在餐桌上发动战争，那是他们能够实现自我力量的游戏。与任何有经验的父母或祖父母谈起这点，他们都会告诉你这是真的。令人感到悲哀的是，这种冲突本是可以避免的。如果你不让他们乱吃那些不该吃的东西，吃饭时，孩子们就会吃下身体生长所需的饭量。他们不会挨饿，我保证！

解决孩子吃饭不好的问题，一个有效的办法是：先把美味佳肴摆放在他的眼前，如果这时他说不饿，就把饭菜包好，放到冰箱里，并高高兴兴地让他走开。几个小时后他会回来，生物钟已经让他的小肚子产生了某种有趣的小感觉，仿佛在说："给我吃的！"此时，不要给他甜食、小吃或是糖果等零食，只需把原来的饭菜加热后重新端上来。如果孩子表示抗议，那就再让他去玩。在12个小时甚至更长的时间里，坚持这个做法，直至所有的饭菜在孩子面前变得色香味美。从这一刻起，餐桌上的战争将成为历史。

问： 您在前面说过不赞成打十几岁的孩子。但对我14岁的儿子，怎样做才能鼓励他合作？他总是故意做出令人讨厌的行为，衣服乱丢，拒绝做日常家务，无休止地折磨他的小弟弟。我该怎么做？

答： 强化原则对青少年尤其有用，因为这个年龄段的孩子处于以自我为中心的特殊时期，奖励对他们来说是很有吸引力的。然而，懒惰也是很多青少年不可避免的现象，缺乏勤勉精神以及处事冷漠有其生理原因。青春期早期，身体的发育进入快速发展阶段，内分泌的变化也要求身体作出相应调整。在这几年里，他们可能希望天天睡到中午，然后到处闲逛，直到发现自己感兴趣的事情。如果说真有某种方法能成功地给他们懒散的电池充上电的话，可能只能是某些激励方式。在一个16岁的孩子身上运用强化原则需要遵循以下三个步骤：

（1）确定什么东西能够对青春期孩子进行有效的激励

对大多数刚刚取得驾照的孩子来说，晚上出去约会时能够用两个小时家里的车，这种感觉就像是拥有了整个世界。（如果这位新司机还握不稳方向盘的话，这也可能成为史上最昂贵的激励。）零用钱是另一个易于掌握的激励方式，就像我们前面讲过的那样。现在青少年非常需要钱用，与海伦的一次普通约会可能会花费20美元，甚至更多。此外，一件时髦的、孩子们通常买不起的衣服也可以成为激励。给孩子提供一种能够获得他所梦想的奢侈品的途径，与常常陷入哀哭、叫喊、乞求、抱怨和折磨相比，前者更是一种令人愉快的方法。母亲可以这样说："你当然可以拥有那件滑雪衫，但是你必须靠自己的努力去挣。"一旦双方就激励的方式达成一致，就可以实施第二个步骤了。

（2）将协议正式化

　　一份合同能够很好地为双方设立共同目标，合同写好后，父母与孩子都要签字。为使孩子在合理的时间内达到目标，合同中可以包含打分制度。如果双方对分值意见不一，可以请第三者进行仲裁。下面我们来看一个合同样本，马修想要一个CD播放机，现在离他的生日还有10个月，而他的兜里分文没有。CD播放机大概150美元。如果马修在未来6—10周里能够完成各项任务，得到1万分，他的父亲就同意买给他。很多得分机会都是事先设定好的，但随时可作补充：

　　　　a.每天早晨收拾床铺、整理房间　　　　50分/天

　　　　b.每学习1小时　　　　　　　　　　　150分/小时

　　　　c.在房间或院子里干活　　　　　　　　300分/小时

　　　　d.按时吃早饭、按时吃晚饭　　　　　　40分/次

　　　　e.照看弟妹　　　　　　　　　　　　　150分/小时

　　　　f.每周洗车一次　　　　　　　　　　　250分/次

　　　　g.周六早晨8点前起床　　　　　　　　100分/次

　　虽然原则是普遍适用的，但具体的方法必须因地制宜。拿出一点儿想象力，你就可以制造出一张适用于你家的家务分值表。需要强调的是，只有合作才能得分，反抗只会减分。令人厌恶的、不讲道理的行为可以被扣掉50分或者更多（但要注意：惩罚必须公平，并且不能经常使用。否则，整个机制将会瓦解）。此外，特别值得表扬的行为可以得到

额外的奖励分。

（3）建立即时奖励机制

记住：即时强化能够取得最好效果，这对保持孩子的兴趣，使他们一往无前地迈向最终目标是非常必要的。你可以制作一个体温计式的图表，显示出得分的比例。图表的最顶端标明1万分，旁边是CD播放机或其他奖品的图片。每天晚上，把当天的得分加总，并将图表上的红色分值曲线向上延长。稳定的短期进步可以让马修得到额外奖励，也许是一张他最喜爱的CD，或是其他特殊权利。如果他改变主意想买其他东西，得分可以转向其他购买目标。例如，5千分是1万分的一半，如果买其他东西，可等值于75美元。但是，如果你的孩子没有得到足够的分数，就不能给他相应的奖励。否则，强化定律将会在以后失去效力。同样重要的是，一旦孩子达到了目标，父母不能耍赖或是延迟兑现。上述制度不是一成不变的，它的制定应该适合孩子的不同年龄和成熟程度。同一种方法，也许能激励这个孩子，也许会对另一个孩子造成伤害，父母须用心把握。

THE NEW
DARE TO
DISCIPLINE

第六章

神奇的工具（二）

SIX

THE
MIRACLE TOOLS
PART2

正如我们所谈到的，培养孩子的责任感和自律并非易事，父母必须通过通盘计划，来塑造孩子的优秀品质。强化定律的运用可以使父母的工作变得轻松。在上一章中，我们分析了两个具体原则，它们能使强化定律在育儿过程中发挥最大效力。第一，奖励快速兑现；第二，利用非物质奖励，也就是说，除了经济和物质的强化外，还须使用称赞、拥抱，以及其他一些朴素而传统的方式。

现在我们来看其余三项原则。

3. 如果奖励在长时间内未兑现，几乎所有通过强化而得到的良好行为都可能失去

事实证明，未被强化的行为将会逐渐消失。这个过程被心理学家们称为"消退"，这个概念对于那些想改变孩子行为的父母和老师们来说非常有用。

动物界中存在着很多"消退"的有趣例子。比如，梭子鱼是一种特别爱吃鲤科小鱼的大型鱼，如果把梭子鱼和它的小猎物放到同一个水槽中，很快水槽中就只剩下梭子鱼了。但当把一块玻璃放入水槽中，将梭子鱼和鲤科小鱼分隔开，有趣的事情发生了。梭子鱼看不见玻璃，为追逐美餐而一次次重重地撞向玻璃，直至因得不到食物而最终放弃。显然，梭子鱼的行为因没有得到强化而逐渐丧失了。

当梭子鱼最终放弃的时候，它懂得了那些小鱼是可望而不可及的。这时，就可以把玻璃拿走，让小鱼们安全地与天敌共舞一池了。梭子鱼不再企图吃掉它们，因为它已经明白这些小鱼是到不了手的。令人惊异的是，梭子鱼最后竟然饿死了，而它钟爱的美食竟自由自在地在它嘴边游来游去。

马戏团里驯服大象时同样也用到"消退"的概念。大象年幼时，人们把它的脚拴在一块庞大而无法挪动的水泥板上，在试图挣脱捆绑而屡遭失败后，大象逃脱的行为就逐渐消退了。之后，只需将大象用一根细绳拴在一棵极易折断、连只小狗都能轻易逃脱的树桩上，就足以控制住这个庞然大物。因为大象学到了功课。

尽管孩子与动物在大多数方面都有所不同。但就"消退"这一概念而言，同样适用于孩子。想要除去孩子身上的不良行为，你必须能够辨别什么能够强化这种不良行为，然后杜绝这种关键性强化。现在，让我们运用这个概念来解决孩子身上普遍存在的问题。为什么孩子会用啼哭来代替正常说话？因为父母强化了孩子啼哭的行为！当3岁的凯伦以正常的音调说话时，她的妈妈因为忙而无暇理会。实际上，凯伦整天都在咿呀学语，但妈妈习惯性地没理会她咿咿呀呀的声音。但是当凯伦发出刺耳的、激怒的和令人讨厌的声音时，妈妈就会开始关注她。凯伦刺耳的啼哭使她达到了目的，而正常说话却不能。于是，她变成了一个爱啼哭的小孩。

想要改掉凯伦的啼哭行为，我们只需使用逆向强化。妈妈应该对她说：

"凯伦，你这样呜呜地哭，我根本听不清你说什么。我的耳朵很奇怪，它们听不见哭声。"这样的信息传递给孩子后，妈妈应该对孩子发出的所有呜咽声毫不理会。同时，要对孩子所有以正常声音提出的要求立即给予关注。

如能恰如其分地使用强化定律，你定能得到预期结果。几乎所有的学习都基于这项定律，其结果是确定的和可预期的。当然，奶奶和艾尔伯特叔叔可能会继续强化你正在努力消除的行为，从而使你努力消除的行为仍在继续。所以，团队合作是必须的，尤其是父亲和母亲之间的合作。

"消退"的概念不仅能够用于有意的训练计划，它也会在无意间偶然发生。下面我们来看看4岁的马克的例子。马克的父母对他暴躁的脾气非常不满，尤其是父母阻止他的不良行为时，他总是习惯性地爆发。有客人来访时，他常常在上床睡觉前大发脾气。同样的情形还会出现在餐馆、教堂和其他公众场所。

马克的父母对于管教并不陌生，为对付这个小小叛逆者，他们尝试过各种方法。他们打过他，罚他站墙角，让他早早上床，也羞辱斥责过他。但所用方法无一奏效，他的坏脾气依然如故。

一天晚上，马克的父母在客厅看报。他们说的什么话惹恼了儿子，马克一怒之下躺倒在地，尖叫着以头撞地，手脚乱伸乱踢。他的父母被彻底激怒了，但又不知该如何应对，于是只能对他置之不理。他们保持着沉默，继续读报。这是这个小捣蛋鬼最不愿看到的情景。马克站了起来，看了看父亲，然后又躺倒演了第二遍。这一次父母还是毫无反应，他们只是心照不宣地互望一眼，然后好奇地看着孩子下一步还会做什么。马克突然停止发作，走近母亲，猛摇她的胳膊，然后第三次躺倒在地。父母继续不理会他。此刻，马克心里在想什么呢？他感觉自己躺在地上哭实在是太愚蠢了，以后也不乱发脾气了。

这个例子早在1970年本书第一版时我就曾引用，现在我可以告诉你们真相了：马克不是这个孩子的真实姓名，他的名字是吉米，就是我，我就是故事中那个乳臭未干的坏小子。我还可以告诉你们，如果没有观众，上演那一幕实在是一点儿意思都没有！

显而易见，能够操纵父母，这一点强化了我的坏脾气。通过暴躁的行为，我足以使那些高大有力的成年人沮丧和发狂。那时我一定很喜欢这种感觉。对多数孩子来说，发脾气是一种挑战父母的行为方式，一次或几次适当的责打就能有效解决这个问题。然而，少数像我这样的人则不同，在某种因素作用下，我就像个纵火犯一样，享受着我一手造成的巨大骚乱。这个享受的过程本身就是对我的奖赏。

虽然父母是在一次偶然事件中消除了我的不良行为，但通常来说，消除某种不良行为需要更长时间。仔细了解某种行为因没有得到强化而消退的具体情况，对我们来说会很有帮助。

我们再来看看前面章节中训练鸽子检验半导体零件的例子。起初，鸽子错过了所有瑕疵零件，其检验准确率是之后逐渐提高的。如图A所示，鸽子的检验准确率最终达到了100%。人们一直以谷物对它进行强化时，鸽子就能一直保持100%的准确率。

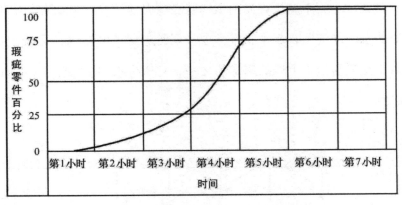

图A

　　假设现在强化被停止了，鸽子可能还会继续保持很好的准确率，但不会持续很长时间。很快它就会开始漏掉一些瑕疵零件。如果继续劳而无功，它就会变得越来越心烦意乱，对工作失去兴趣。最后，它会漏掉所有或大部分的瑕疵零件。

　　但在第二天，鸽子还会像从前那样工作。**即使某种行为在某天曾经消失，但它很可能会在第二天重新恢复。**这种恢复被称作"自然复原"。如图B所示，鸽子的行为每天都会恢复，但准确率却越来越低，而且行为消失得越来越快。

　　这一原理对消除孩子身上的不良行为具有重要意义。如果曾经消失的行为再度出现，父母和老师都不应气馁。彻底消除某种行为需要一段合理的时间。

　　"消退原理"已经帮助很多人成功地摆脱了坏习惯。有人为那些想要戒烟的人设计了一种方法，其原理是消除吸烟带给人的快感（强化）。他们为实现这一目的，将腐烂浓缩的烟草装进小管，并对准吸烟人的脸。只要这个人吸一口烟，小管中腐烂难闻的烟味就会喷向他的脸。吸烟者开始将烟与扑面而来的恶浊之气联系起来，常常令吸烟者对烟产生强烈的反感。不幸的是，尼古丁是最易使人上瘾的麻醉药之一，它所带来的强烈化学影响是极其难以克服的。

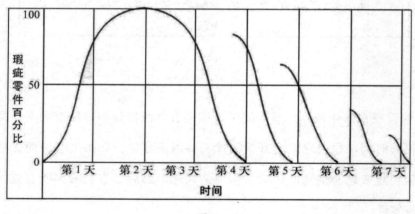

图 B

"消退原理"还能帮助孩子克服一些不必要的恐惧。一位3岁女孩马娜的母亲曾经向我咨询，她为孩子对黑暗的恐惧而忧虑。尽管家里开着夜灯，敞开着卧室的门，小马娜还是不敢独自呆在自己的房间。她坚持每晚让妈妈坐在旁边陪她，直到她睡着。这么做对妈妈来说，不仅耗时，而且带来诸多不便。如果马娜半夜突然醒来，就会大声求救。显然，马娜是真的害怕黑暗。

这类恐惧不是天生的，而是后天学会的。如果父母们能真正明白这个道理，他们就会对自己的言行更加谨慎。现实生活中，孩子具有惊人的理解力，常常会模仿成年人身上的行为和忧虑。即便是善意的玩笑有时也会给孩子带来问题。如果某个孩子走进黑暗的房间，受到躲在门后的人的突袭，孩子马上就会知道黑暗中有时存在着威胁。

在马娜的例子中，我们不知道她对黑暗的恐惧源自何处，但我相信她的妈妈无意中使问题更加严重了。在对女儿表达关爱时，妈妈传递了太多焦虑情绪，使得马娜认为自己的恐惧是有理的。她会这样推断："这件事情太可怕了，连妈妈都这么不安。"马娜越来越害怕，甚至没人陪同，她就不敢独自走过光线昏暗的房间。在这种情况下，她妈妈前来咨询我。

通常来说，口头告诉孩子不要害怕是徒劳的。我建议妈妈一定要让马娜自己明白黑暗其实没有什么可怕，这也能帮助妈妈在孩子面前树立起自信和无所畏惧的形象。于是，妈妈买来一包糖（如果在今天，我会建议买一些时尚的水果糖），坐在马娜卧室的门外。如果马娜在开着灯、关着门的情况下独自在卧室中呆上几秒钟，妈妈就会奖励给她一块糖。第一步不怎么害怕，马娜喜欢上了这个游戏。重复几次后，妈妈要求马娜进到光线变暗、开着门的卧室中，这时马娜可以清楚地看到妈妈就在走道里，然后她们从1数到10。第二步也不难做到，马娜继续为那几块糖做着这个游戏。

在接下来的步骤中，门一点点被关上，灯一点点变暗。最后，马娜终于勇敢地走进黑暗并且关着门的房间，妈妈在外面从1数到3，数到5，再数到8。马娜待在黑暗中的时间逐渐延长，黑暗对她来说不再意味着恐惧，而是小孩们最喜欢的糖果。她还能听到妈妈自信而平静的声音，还知道只要自己愿意，随时都可以出去。通过这种手段和方法，勇气得到了强化，恐惧最终消失了。

　　就像你可以创造性地选择奖励的方式一样，消除某种不良行为时，父母和老师也可以尽情地发挥想象力和创造力。努力地多做尝试吧，只需一些实践、一点耐心，你将亲眼看到改变不良行为最有效的方法之一，就是杜绝对它的强化、奖励改变后的好行为。

　　让我们继续往下，来看第四个原则。

4. 父母和老师也会受到强化的影响

　　强化不仅可以使孩子和动物学习新的行为，也可以使成年人通过接收正面或负面的反馈来修正自己的行为。因此，在现实中有时会不可避免地发生这样的情况：孩子通过强化某些行为和消除另一些行为来训练他们的父母，而不是被父母所训练。

　　比如，如果父母带孩子到诸如迪士尼乐园这类令孩子兴奋的地方，孩子往往表现出最好的行为。他们乖巧合作，有意无意地强化或奖励了父母的行为，也就是，父母看见孩子这么高兴，他们以后会尽量多带孩子去迪士尼乐园。在某些极端的例子中，我曾看到孩子熟练地操纵着父母，以得到自己想要的东西，或是让父母做出令自己喜欢的行为。

　　一个典型的例子是妈妈管教8岁的女儿时，女儿会说："你不再爱我了。"大部分孩子都明白他们的父母渴望表达对孩子的爱，于是他们利用这个敏感的问题使自己免受惩罚。孩子们通常能够得逞。

　　另一个例子是老师宣布"现在我们要上健康课了，请拿出课本"，这时，班上响起一片叹息呻吟声。对有些老师来说，自己的工作没能得到强化是很难忍受的，于是，他们或是在日后的课程中取消这门枯燥的学科，或是轻率潦草地对付一下。

　　类似的现象同样出现在高等教育中。在一所研究生院的心理学课程上，学生们对他们的教授实施了强化实验。这位教授上课时采取了两种截然不同的教学方法，他有时照本宣科，使教学枯燥无味；有时即兴发挥，将课堂带入生动有趣的讨论。一天上课前，学生们商量好要鼓励教授即兴发挥式的授课，消除他的照本宣科。于是在课上，只要教授拿出教案照着讲，学生们就来回晃腿、向外张望、哈欠连连、交头接耳。而当教授即兴发挥时，他们就表现出异常的专注。这位教授作出了经典的反应，在以后的课程中他几乎全部采用了即兴式授课。直到学期末，他才知道自己被学生们操纵了。

　　最后一个例子是关于一位对孩子容忍度极低的父亲。每当孩子达不到他的要求时，他就大声呵斥，让他们听话。他的大声呵斥得到了强化，于是他变成了一位喜欢大喊大叫、咄咄逼人的父亲。

　　这一原则的要点并不复杂：父母应该在自己的行为得到强化时作出正确的反应，以确保自己在教养孩子的过程中拥有主动权。

5. 父母常会强化他们所不期望的行为而弱化所期望的行为

　　前两章中提到的一个很重要的问题是偶然强化。父母偶然放纵孩子的某个不良行为，就是在奖励这种行为。假设威克尼夫妇正在家中设晚宴招待客人，他们让3岁的瑞奇7点钟上床睡觉。尽管他们知道瑞奇会像往常一样哭闹，但似乎也没有别的办法。瑞奇果然又哭了，开始只是小声啜泣，音量逐渐演变为飞机起飞一般的轰鸣。

　　最后，威克尼太太对这一幕感到十分尴尬，她不得不让瑞奇起床。在这个事件中，孩子学到了什么呢？如果不想睡觉就必须大声哭闹，平静的抗议是不奏效的。那天晚上，威克尼夫妇最好做好迎接一场眼泪大战的准备，因为瑞奇的眼泪已经有过得胜的记录了。如果父母忘了，瑞奇一定会提醒他们的。

为了进一步解释这个原则，我们来看另一个例子。劳拉·贝特是个极爱争辩的少女，从不理会家长说的"不"。她任性暴躁，只要待在家里就浑身不舒服。每当劳拉要求晚上外出的时候，母亲总是先说"不"，然后再仔细考虑是否应该让她外出。母亲总是有可能改变主意，因为她知道从"不行"到"行"总比从"行"到"不行"容易做到。但是，这一切其实是在告诉劳拉，"不行"实际上意味着"也许"；如果劳拉极力争辩或使劲抱怨，"不行"有可能变成"行"。

很多父母犯了和劳拉母亲一样的错误，他们允许孩子争辩、发脾气、板着脸、用力撞门，以及通过讨价还价来达到目的。父母应该在充分思考并听完孩子的意见后再作决定，决定一旦作出，就应该坚持到底。如果劳拉明白"不行"意味着"绝对不可能"，她就不会煞费苦心地争辩申诉了。

我们再做一个假设，史密斯夫妇为庆祝结婚10周年准备外出就餐，离家前，他们5岁和6岁的孩子开始嚎啕大哭起来，抱怨父母把他们留在家里。史密斯先生模糊地记起了强化定律，于是他说如果孩子们停止哭泣，就奖励一包口香糖。不幸的是，史密斯先生的做法不是在强化安静，而是在奖励眼泪。下一次他们再要外出时，这种奖励还会促使孩子们哭泣。其实，一个小小的变化就能扭转整个局面，史密斯先生应该在孩子们开始哭泣之前就拿出口香糖，鼓励他们合作。

现在，我们来看强化定律在婴儿和他们的眼泪上的应用。哭是婴儿与人交流的重要手段，他们通过哭告诉我们，他们饿了、累了、不舒服或是需要换尿片了。虽然我们不能完全不让婴儿哭，但是，我们仍然有可能弱化他们的眼泪，使之成为易养型孩子。如果只要婴儿一哭，就马上被抱起或是摇动摇篮，他很快就会意识到眼泪和大人关注之间的联系。我清楚地记得我女儿小的时候，我会在她婴儿房的门口站几分钟，等待她在哭泣中片刻的安静，然后再过去抱她。这样做的目的不是强化哭泣，而是强化她停止哭泣。

可见，在允许孩子的行为达到目的时，父母必须小心谨慎。他们必须训练孩子的自律和耐心，从而确保通过强化和消除手段来培养孩子的责任心和成熟行为。

问题与回答

问：如何才能让我的孩子明白，他一生都需对自己的行为负责任？他非常需要懂得这个道理。

答： 我不用从头讲起，我在另一本书中专门讲述了这个问题，特此引用。在那本书里，我写道："父母在孩子青春期前的教育总目标，是让孩子明白行为具有必然的结果。在一个放任的环境中，最严重的问题之一就是没能将行为和结果联系起来。"

我们经常会看到：一个3岁孩子尖叫着辱骂他的妈妈，而妈妈则站在那里，不解地眨着眼睛；一个一年级的学生攻击老师，学校因为他的年龄太小而没有采取任何措施；一个10岁的孩子在商店里偷了几张CD，被抓到后由于父母的出面认错而被释放了；一个15岁的孩子偷拿了家里的汽车钥匙，违章开车被抓，他的父亲付了罚金后孩子得到释放；一个17岁的孩子疯狂驾驶他的雪佛兰轿车，撞烂前挡板后，他的父母花钱为他修车。你可以从中看到，在整个孩童时期，深爱孩子的父母似乎都要介入本属孩子自己负责任的行为和结果中，打破其中的必然联系，阻碍孩子们从中学到教训。

因此，对一些青年男女来说，在进入成年后仍不知生活的"彼此咬合"：我们的一举一动都将直接影响到我们的未来，不负责任的行为终将导致痛苦和悲伤。有一个人在应聘到人生第一份工作后，上班第一周就迟到3次。后来，他被言辞严厉地辞退了，并因此痛苦不堪。在他的人生中，第一次经历到父母不能把他从令人不快的结果中解救出来。令人遗憾的是，很多北美的父母在孩子长大成人、已经离家生活很多年后，还要充当他们的"保护者"。结果会怎样呢？过度保护制造出情感上不健全的人，这些不健全的人存在着长期依赖和永久性不成熟的特质。

如何把行为和结果联系起来？方法是在孩子做出不负责任的行为时，就要让他体验因此而产生的合理的痛苦和不便。如果芭芭拉因为磨磨蹭蹭而没赶上校车，就让她步行一两英里上学迟到（除非存在安全问题）；如果詹尼粗心大意丢了买午餐的钱，就让她挨一顿饿。当然，父母也有可能会在这个原则上走得太远，过于苛刻和固执地对待一个不成熟的孩子。最好的方法是给予孩子适合他们年龄的责任，同时也让他们品尝不负责任的后果。

问：您曾经提到孩子操纵他们的父母，但从另一角度讲，父母是否也在利用奖励和惩罚来操纵孩子呢？

答：其实，这就像一个工厂的管理者，通过坚持让员工早晨9点来上班而"操纵"他们；就像一个警察通过开出违章罚单而"操纵"驾车超速的司机；就像保险公司会通过提高费率来"操纵"违章的司机。"操纵"一词包含着恶意和自私的动机，我更喜欢使用"领导"这个词，尽管有时会带来令人不快的结果，但是它会使人受益。

问：我是一名初中教师，每天会有5个班的学生到我的教室来上自然课。我最大的麻烦就是这些学生来上课时，总是忘记带他们的书本和纸笔。我借给他们这些东西，可他们从来不还。对这个问题，您有什么建议吗？

答：我在中学教书时，也曾遇到同样的问题。我的学生们没有恶意，只是脑子里要记住的事情太多了，以至于记不住应该带学习用具。我曾尝试过各种激励方法，可惜无一奏效。我也曾向他们呼吁要有责任心，得到的反馈只是哈欠连天。我为此发表过一个充满激情的长篇演说，但看起来像是小题大做。想要解决这个问题，必须找到更好的方法。

后来我终于找到了一个解决办法，它的依据是：如果对自己有利，年轻人将乐于合作。一天早晨，我向学生们宣布：我不再介意他们是否带着铅笔和书本来上课了，我准备了20本多余的书和几大盒削好了的铅笔，可以借给他们。如果谁忘了带这些东西，可以向我借。我不会再对他们咬牙切齿，面红耳赤，我将很愿意与他们一起分享我的资源。

但是，我在这里设置了一个小圈套：向我借东西的学生必须站在他的课桌旁（如需书写可以斜靠在课桌旁）上完这一小时的课。在以后的几天里，每当我看到孩子们在上课之前，跑来跑去互借书和铅笔的时候，我对自己会心一笑。每天都有220个学生来上我的课，他们按照规则需要"站课"的频率大约是每周一人次。孩子们非常看重自己的利益，他们清楚地知道，只要记忆出现一次差错，就将吞食怎样的后果。他们不会在同一个地方摔倒两次。

虽然说过很多遍了，我还是要再次重申管理孩子和青少年最有效的法则：若要他们按照你的愿望去做，就要最大限度地让他们自己觉得应该这样做。你的愤怒是最没有效果的激励手段。

问：请问您对少年法庭的看法？他们是在奖励良好行为、消除不良行为吗？他们在减少青少年行为过失方面是否行之有效？

答：不是普遍有效，但是也不能这样指责他们。我曾在罗纳德·里根总统国家顾问委员会的"青少年司法与预防犯罪办公室"工作过3年。尽管有时令人沮丧，但那是一项非常吸引人的工作。我看到一些案例，法庭实际上是在造就罪犯，就像一块一块堆砌石头那样地有系统地造就罪犯。

这个案例发生在一个九年级的孩子克雷格身上。他违反了所有能够违反的规则，只想证明法律对他是无效的。克雷格在进行违法行为之前会向他的朋友吹嘘，之后又会因未得到惩罚而开怀大笑。在两年时间里，他前后偷了两辆汽车和一辆摩托车，两次离家出走，三次被勒令退学，还曾因为偷窥而被捕一次。我看到他屡次被带上法庭，每次都是听了一通法官陈词滥调的教训后被当庭释放。

最后，克雷格被送到一所专门看管少年犯的营地。他曾给我写了一封信，说他对过去混乱的生活感到十分痛悔，他非常渴望回到家里，继续接受学校教育的机会。在我看来，克雷格的所作所为就是想知道能把法律逼到什么地步，只要他得到了答案，他就不想再去犯了。在他第一次被抓时，他就应该得到法律的惩处。

收到克雷格的信后不久，我与一位著名的法官讨论了法庭对于青少年犯罪过于宽大的政策，我问他为什么青少年问题权威们不愿对叛逆的青少年采取应有的措施。有时青少年实际上是在乞求得到惩罚。法官总结出两点原因：

（1）行为矫正机构不够多，像克雷格这样的孩子收容不进去，而少年犯营地只能留给那些最严重的麻烦制造者，克雷格这样的孩子也不该进去。

（2）法官处理了大量严重犯罪，包括谋杀、强奸和抢劫之后，很难重视相对轻微的犯罪。法官的态度正是受到了这个因素的局限。对青少年第一次违法犯罪的惩处应该令这个青少年感到痛苦，这样他才不愿再犯同样的错误。但是，我们的法律机制不是为完成这个目标而设置的。

少年法庭有时会犯相反的错误，对于青少年的惩处过于严厉。琳达就属于这种情况，在一个雨天的下午我碰到了这个女孩。那天，我正坐在桌旁写报告，突然意识到房间里并不只是我一个人。我抬眼看到一个光着脚、浑身被雨淋湿的女孩站在门口，是个大约15岁的青春美少女。

"你现在可以打电话报警。"她似乎是在命令我。

"我为什么要报警？"我问。

"因为我是从×××（附近一所专门拘留违法犯罪少女的地方）逃

出来的。"她说她一整天都在东躲西藏。

她告诉我她叫琳达。我请她坐下来，问她为什么要逃跑。琳达开始给我讲述她的经历，事后证明她讲的都是真的。她的母亲是个妓女，没有给女儿任何应有的监管和引导。甚至在母亲接客的时候，还把琳达留在卧室中。后来琳达被从母亲身边带走，由法庭监护。她被安置在一个专为青少年受害者而设立的家庭中，但是在那里，琳达没有感受到足够的爱。她的母亲在最初几年中还会来看她，但后来就杳无音讯了。

琳达太渴望得到爱了，于是她逃了出来去找母亲，但很快就被带了回去。一年后她再次尝试逃跑，得到相同的结果。琳达继续逃跑，躲避警察时变得越来越有经验。我遇到她的前一年，她又跑了，并认识了几个男孩。琳达与他们同住了两个星期，期间参与了几起轻微犯罪和性过错。

后来，琳达被捕并作为罪犯被带到了少年法庭。她被判关进违法少女拘留中心，那儿是一个被10英尺高的栅栏围起来的地方。法庭认定她是一个无法管教、无可救药的青少年，显然这是错误的。琳达只是一个孤独、渴望爱的女孩，生活环境无情地欺骗了她。她需要得到人们的关爱，而非惩罚。也许法官过于忙碌而无暇了解琳达的生活背景；也许法官认为没有其他适合琳达的收留机构。无论出于哪种情况，这个脆弱的女孩在人生极其关键的时刻，她的需求都没有得到满足。

少年法庭的设立必须用来宽大那些受到伤害的孩子，就像琳达；同时必须惩处那些挑战权威的孩子，就像克雷格。但是，有时很难分清两者的区别。

THE NEW
DARE TO
DISCIPLINE

第七章

学习中的管教

SEVEN

DISCIPLINE
IN
LEARNING

　　我上大学时，校园里曾经流传着一个恶毒的传闻：关于人类的学习方法有一个惊人的发现，这个新技术被称作"睡眠学习法"，它可以让你在睡眠的同时往大脑里输入各种信息。我承认，这个传闻对我太有吸引力了。它正好能帮我实现白天在校园中充当风头人物，夜晚在睡梦中完成学习任务的美妙设想。另外，作为一名心理学专业的学生，我对人脑的机能非常感兴趣，于是决定马上付诸试验。

　　我选择了一门功课作为实验对象。这门功课在一学期内有3次考试，在各门功课中所占学分最低。我非常努力，前两次的考试取得了令人骄傲的成绩，这使我敢拿第三次考试做实验。考试日程确定后，我把所有相关内容都录到录音带里，并且在录音时，注意尽量不去记忆。在那个老式卷轴磁带中，总共灌入了大约60分钟的学习内容。考试前的那个晚上，我独自外出享受。当我聪明的同学们正在图书馆用功读书时，我却在餐馆中与那些从不努力学习的家伙们吹牛闲谈。那种感觉美妙极了！

　　晚上上床睡觉时，我把录音机连接到定时收音机中，这样就能让我自己的声音在凌晨2点钟对着我那不省人事的大脑说话。1小时后，磁带放完后的咔咔声把我吵醒了，我又重新定时到凌晨4点。磁带又放了1小时，5点时再次把我吵醒。6点到7点之间我"听"了最后一遍，这个不得安宁的夜晚就这样过去了。

考试8点开始，我打着哈欠、目光呆滞地坐在了考场上。我首先意识到对于考卷上的内容，我连模糊的记忆都没有（这通常是不祥之兆）。但我还是坚信，这些信息一定存储在我大脑的某个角落。交了考卷，我焦急地等着评分。几分钟后，我等到了结果。

全班共有73名学生，我的成绩是第72名，以1分之差击败了班上的最后一名。但后来，他因一道有争议的题向教授提出复查，而教授同意给他加两分，于是，我成了倒数第一！这个实验带给我的全部收获是一晚糟透了的睡眠，以及一个愤怒的室友，因为他不得不躺在床上，在月光下"学习"他根本不感兴趣的东西。

我在无知的青年时代，曾对不劳而获残存着一些幻想，事实证明那是大错特错。所有的收获都要付出代价。放任自流的结果必然是从有序走向混乱，而不是从混乱走向有序。要想扭转这种局面，我们必须为自己的目标付出努力。任何进步，尤其是在智力和知识上的进步，都是用血汗和泪水换回的。除此之外，别无他法。

在我看来，在混乱动荡的1960年代，有一部分职业教育者看不到管教在学习中的必要性。他们不愿让孩子们通过严格有序的上课、考试、成绩、规则和要求等磨练去学习，而是积极热情地寻求一种更为轻松的教学方式。社会在变化，权威已经过时，人们开始对所有传统的价值观产生了怀疑。为什么不摒弃传统，尝试新东西呢？"开放式"教室的主意怎么样？

于是，教育史上最荒唐的主意之一诞生了。我要在这里摘录一篇发表于1971年5月27日的《西雅图新闻周刊》上的文章，其中详述了"开放式教室"的种种"引人之处"。不过，我首先要强调一点，今天的公立学校已不存在那个时期过度放纵的问题了。例如，今天的西雅图学区不断经历好的变化，但倒退到1971年，他们确实曾试验过文中所描述的"开放式教学"。既然往事已过，今天我们为什么还要关注学校失去控制的那段不堪回首的时期呢？首先，如果不认真省察过去，就无法认清今天的自己。其次，我们可以从以往对权威和管教的怀疑中吸取教训。最后，这种放任自流哲学的残余仍蛰伏于我们宽松的社会环境和学术环境中，我们需要时常引以为戒。

上面提到的文章名为《你所不知的学校》，作者是詹姆士（James）和约翰·弗拉霍蒂（John Flaherty）。当你读下面的文章时，不妨设想你的孩子就身在其中。

> 请设想一下这样的场面：一群5-12岁的孩子，只要他们愿意，就能在学校的走道上骑三轮车，还能在墙上随意作画；只要他们愿意，就能随时做他们想做的事，包括以3字词或4字词等直白的口吻随时向老师提出问题，按自己的喜好制定学校的政策、教学方式和课程，等等。所有这一切就发生在西雅图的一所公立学校中！你或许认为太夸张了，或许认为根本不可能。但它现在就确确实实地发生在保守而古老的苏厄德公园内，西雅图学区正在采取这样的做法。
>
> 这所名为"选择小学"的学校是西雅图学区的一个实验项目，它

创立于1970年11月，建校的目的是为改变普通小学限制太严的状况。

他们认为，学校应当给学生提供一个更自然的学习环境；学习的动力完全来自学生自己；而且，任何年龄的孩子都有能力，并且有权利做出自己的决定。

这里是孩子们的乐园。这里没有正式课程，没有年龄划分，没有教室安排，也没有总体的教学计划。事实上，如果孩子不想学那3门必修课，他就可以不学。

在我们采访过程中，没有看到任何正式教授的课程，孩子们看起来就是在3间无人看管的教室里漫无目的地游荡，显然没有一个班在上课。后来，我们来到隔壁大楼的地下室，与校长伯恩斯坦先生交谈。伯恩斯坦先生说："这是一种全新概念的学习方式，已由尼尔先生（A. S. Neill）在春山学校做过示范，春山学校是美国东部的一所前卫学校。"他还说，在他上大学时，4字词常被用作吸引注意力和强调重点，他觉得这种说话方式不会对孩子们造成不利影响。他强调说："你必须要用孩子们能够理解的语言跟他们交流。"

伯恩斯坦也受到过各种质疑，如果学校不开设任何正式课程，也不给学生打分，那学生们怎么能够完成6年的小学学业，进入到一所正规中学呢？他的回答是："6年后，也许所有的学校都会变得和我们一样，那就不会存在任何问题了。"

所幸的是，采取如此极端教学计划的学校毕竟是少数。然而，那段时期的主流教育思潮就是藐视权威和管教。一本名为《夏山学校》（Summerhill）

的书曾经广为流传，作者就是伯恩斯坦先生提到过的尼尔。这本书为我们提供了一个奉行放任教育理论的蹩脚典范。在读研究生期间，学校曾要求我们去读这本荒谬的书，书中的观点与我所信奉的关于孩子以及关于人生的信念大相径庭。但是，在那个时期，尼尔的书和他所做的一切却在教育领域赢得了很高的信任度，很多学校的老师和校长（像伯恩斯坦先生）都深受这种放任主义哲学的影响。

英国的夏山学校和美国的春山学校都是放任孩子的学校，教学原则是遵照学校的创办者尼尔先生"来去自由"的教育理论制定的。在那里，住校学生可以不起床、不上课、不完成作业、不洗澡，甚至不穿衣服。在人类历史上恐怕不会有孩子能像那里的学生一样，被赋予如此广泛的自由。

尼尔不仅把他的理论贯穿于所有大肆吹嘘的教育方案中，还极富热情地将之介绍给全世界的父母们。现在，我把尼尔理论的主要观点列举如下：

1. 父母没有权利要求孩子服从。父母希望孩子服从自己的管理，只是为了满足成年人的权力欲望。他们没有任何理由将自己的愿望强加于孩子，孩子必须得到自由。最理想的家庭氛围是父母和孩子享有完全平等。除非孩子自愿，父母不能要求孩子去做任何事情。尼尔竭尽全力地想向孩子们证明，他只是他们中的一员，而非指导者。

2. 孩子18岁前，父母不能要求他们干任何活儿，哪怕是帮点儿小忙或是做点儿简单家务。如果让他们做佣人做的事就是侮辱他们。尼尔的这一观点实际上是在强调不让孩子承担任何责任。

3. 尼尔认为，任何形式的惩罚都应被严格禁止。父母管教孩子是出于对孩子的憎恨，伤害孩子的愿望源于对自己性生活的不满。在夏山学校，一个打碎了17块窗户玻璃的孩子，连口头的斥责都没有受到。

4. 应该告诉青春期的孩子，男女乱交根本没有道德问题。在夏山学校，婚前性行为没有得到公开批准，仅仅因为尼尔先生害怕招致公众舆论的愤怒。为了消除学生们对性的好奇，尼尔先生和他的同事们有时甚至在大庭广众之下赤身裸体。他还预言，未来的青少年将会在没有约束的性关系中找到一种更为健康的生活方式。（**他们所找到的是一种叫作艾滋的疾病，以及其他性传播疾病的切身感受。**）

5. 不应禁止孩子拥有色情图书或资料。尼尔先生说只要他的学生有需要，他会给他们买色情读物。通过这种方式，他认为可以在不伤害孩子的前提下，矫正他们贪淫的欲望。

6. 不应要求孩子对自己的父母说"谢谢"或"请"，甚至不应鼓励他们这样做。

7. 奖励孩子良好行为的做法就是在贬低孩子，是不道德的行为。这是一种极不公平的高压政策。

8. 尼尔认为，书本在学校教育中无足轻重。教育的主要内容应由陶土制作、画画、各种工具，以及各种形式的戏剧表演构成。读书虽不能说毫无价值，但应该在玩够了之后。

9. 就算孩子在学校考试不及格，父母也不应当提及此事。孩子的所作所为完全是他自己的事儿。

10. 尼尔的理论简而言之就是这样：排除一切权威，让孩子在没有任何外界干预的情况下自由成长；不要指导他们；不要强迫他们做任何事。

如果尼尔是否定权威的唯一鼓吹者，那么，他根本就不值得我们去关注。可事实恰恰相反，他所代表的这种极端观点正在教育领域中得到越来越广泛的认可。赫伯特·R. 科恩（Herbert R. Kohn）在所著的《开放式教室》（The Open Classroom）一书中，对尼尔的理论进行了某些"有益的修正"，使得这种理论在公立学校中越来越流行。令人无法相信的是，它在十几年的时间里被视为"先进"。对过去25年里忽视学校教育中管教与权威的后果，现在我们可以给予评价了。让我们来看看受影响最深的这一代人吧，看看在他们的身上到底发生了什么。

这代人在1960年代末期得出了如下结论：不道德就是新的道德观；傲慢无礼是没有错误的；不喜欢的法律就不必遵守；暴力是可以接受的行为，因为它能为你带来好处（就像儿时发脾气一样）；权威是邪恶的；及时行乐最为重要；不能相信年长的人；勤奋是令人痛苦的；国家是不值得效忠和尊重的。追根溯源，所有这些被那个时代的人所信奉的理论都是尼尔教育理论的产物。这个理论断送了我们优秀聪明的一代人，他们中的很多人至今仍因青年时代的荒唐无知而深陷痛苦之中。

这个误人子弟的理论不仅导致了1960年代末期的学生运动，还严重损害了教育体制，使大量孩子受害。那时的我是名年轻教师，深深震惊于其他老师授课教室中的混乱和失控场面。这种混乱存在于各个年级。刚入小学的一年级学生，就能像那些狂暴的高年级学生一样，有组织地折磨他们备受骚扰的老师。有些班级的学生如此精通捣乱破坏之道，以至于让那些即将教他们班的老师如惊弓之鸟。校方本可以轻而易举地避免这种混乱局面，但却一直采取容忍的态度，这真是太荒谬了！可有的时候，当老师采取严厉的管教措施时，很多父母却提出抗议，要求宽容他们的孩子。

近些年来，我亲眼目睹了其中一些孩子逐渐步入成年。我曾经亲自与他们交谈过，听到过他们的见证，也体会到了他们的愤怒。在1976年8月30日《新闻周刊》"我的转变"栏目中，我看到了一篇令人心痛的文章。作者迈拉·沃伦斯基就是一个放任教育理论的"产物"。她在这篇题为《我的自白：光阴虚度的青少年时期》中，描述了她所经历的一切。

　　1956年，我只有4岁，我的母亲是位反传统主义者。她深深地被放任教育理论所吸引，在格林威治村为我找到了一所与她理念相同的私立学校，学校愉快地接收了我。我知道她这样做是出于母爱，但这可能是她为我做的最糟糕的事。这所被我称为"沙滩与海"的学校吸引了很多与我母亲一样的父母。他们都是中高层专业人士，决心不让自己的孩子承受自己曾经有过的成长压力。"沙滩与海"是一所没有痛苦的学校，也是最让那些维护传统教育理念的人感到恐慌的学校。在这里，我很快成为一个自由教育的范例，我所拥有的是不学习的自由。

　　"沙滩与海"由15位教授自然科学的女老师和1位男老师创办。他们都是可敬的人，有年轻的，也有年长的。他们全身心地投入到对我们与生俱来的创造力的保护中。他们非常强调艺术，但不教授任何技巧，因为在他们看来，任何形式的技巧都会妨碍我们的创造力。

快乐和象形文字　我们的各门功课都有一定的课时，但只要我们不喜欢就可以不去上。学校这项政策旨在避免我们在学习过程中的厌烦和痛苦，或是彼此竞争。我们没有任何考试，也没有难熬的时光。如果我厌倦上数学课，老师就允许我去图书馆写故事。我们所上的历史课，就是尽量去体验历史中某些并不重要的东西。例如，有一年，我们捣了玉米粉，做了印第安人的帐篷，吃了水煮牛肉，还学了两个印第安语单词，这就是我们所学到的早期美国历史。还有一年，我们精心制作了民俗服装、陶罐和纸制神像，这就是希腊文化。另一年，我们化身为妙龄少女和身披盔甲的骑士，因为我们在学习有关中世纪的历史。我们用锡箔酒杯喝着橙汁，但从不知道中世纪到底是什么。我知道匈奴人出战前要拴好马，然后喝一大杯血，但是从来没人告诉我们匈奴人是谁，以及为什么我们要知道这些。有一年在学古代埃及史时，我们建造了金字塔，我做了一幅9米长的壁画，并费力地将象形文字复制到牛皮纸上。但是没有人告诉我这些代表什么，它们只是看起来很美丽。

无知并非有福　我们把大量时间用于发展创造力上，因为那些乐观得无可救药的老师说，快乐的生活基于创造。于是，在三年级之前，我们不学习阅读，因为学校认为早期阅读会抑制孩子创造力的发展。他们唯一教授给我们的是仇恨知识，仇恨与知识相关联的一切。就这样，在整整9年的时间里，我们被迫发展着创造力。可是，"沙滩与海"没有造就出一位伟大的艺术家。我们天天所做的就是不断建造和重建人际关系，这就是我们对于学习的全部理解。是的，我们确实非常快乐。在我们学校里，大部分10岁的孩子都可以说是个文盲，但是，我们却可以告诉你，英文课上，雷蒙德在桌子上的扭动表明他在"宣泄"；或者尼娜是个"内向"的女孩，因为她总是畏缩在墙角。

当毕业那天到来时，所有快乐的孩子都感觉如同坠入了深渊。我们深感遭到抛弃，父母们也是如此。毕竟父母为我们支付了不菲的学费，想让我们享受爱的自由，但我们进入高中后，看到的却是那些最贫穷的、来自贫民窟学校的孩子，往往拥有最美好的表现。无论我们上哪所学校，都是文化课落后、成绩最差的学生。

我们中的一些人饱尝了生活的冷酷，我在"沙滩与海"的一位旧时同学两年前自杀了，他就读于纽约一所最差的高中，因考试不及格而被勒令退学后自杀。死时年仅20岁。我们之中还有一些人不得不进入精神病院，在接受专业治疗的同时，再一次享受了"自由创造"的过程。

在我自己的高中时代，学校的心理专家对我竟然如此缺乏扎实的知识感到迷惑不解。他建议我母亲让我接受心理测试，找出我无知的原因。事实上，我并没有信息障碍，而是根本没有知识。我的大多数"沙滩与海"的同学都存在类似问题，导致了严重的学习障碍。毫不奇怪，我的阅读理解能力处于平均水平的最低8%范畴内。老师常会问我是怎么进入高中的。尽管我一直憎恨读书，但我还是懵懵懂懂地完成了高中学业，并进入大学（由于未被四年制大学录取，只能进入一所两年制专科学校，后来才进入纽约大学）。至今我都不明白我得到的竟是文学学士学位，我一直认为应该是理学学位。

学习的吸引力　我旧时同学的父母始终不清楚问题出在哪里。他们送到学校的是聪明伶俐、充满好奇心的可爱孩子，9年后，接回来的却是无可救药的青春期叛逆少年。也许有人会说，我们这些怪异的孩子即使上了其他学校，也都会怪异，但是，当你看到这个学校各个年级的学生都有同样古怪的行为模式时，你将会得出某种可怕的结论。

现在，当我看到12岁的小弟弟（就读于传统小学）在做大学水平的数学题时，我知道除了数学，他在其他方面也比我懂得多。此外，我还看到传统教育给我15岁的大弟弟带来的改变（他曾就读于"沙滩与海"，8岁时，我母亲终于悔悟，把他转入传统学校，以免重蹈我的覆辙）。在接收了7年真正意义上的教育后，他正在为建国200周年制作一部很有意义的纪录片。比起在"沙滩与海"，学生们用4个半月的时间扮演朝圣者，另4个半月扮演印第安人，从而打发完一个学年来说，我大弟弟现在所做的事情无疑是更好的学习经历。

现在我终于明白，学校应做的工作就是引导学生进入知识的体系。如果他们没被吸引，也要把他们强行带入。我希望这一切曾经发生在我身上。

迈拉·沃伦斯基这篇动情的忏悔书能够在《新闻周刊》上发表，显示了出版者非凡的气度。因为，这本流行杂志曾经对课堂先锋们大加赞赏，在这个问题上起到过十分重要的作用。《新闻周刊》1971年5月3日的封面故事题为《学习可以是有趣的》，杂志的封面是一个上小学的小女孩正在用纸做手工。4年后，他们又刊出了一篇题为《为什么约翰尼不会写作》的封面故事。看到后面这篇文章后，1975年12月8日，我给他们的高级编辑写了一封信，提出是否这两篇文章之间存在着某种关联。也许约翰尼不会写作，就是因为他把太多时间花在"有趣"的事情上了。遗憾的是，我没有得到回复。

　　请不要误解我，我是一个课程艺术化的支持者，我当然希望教育过程尽可能生动有趣，充满激情。但是，用纸做手工不能教会孩子阅读、写作和计算。对大部分孩子来说，除非有人提出要求，否则，他们是不愿意为学习付出代价的！有些教育者不赞同这个观点，他们认为出于内心对知识的渴望，孩子们会自觉地努力学习。

　　一位前加利福尼亚州教育厅长曾经说过："如果说孩子天生热爱学习，就像是说孩子天生热爱打棒球一样愚不可及。有的孩子是好学的，有的则不是。如果顺其自然，我相信，大多数小调皮们都会去钓鱼、打架、逗女孩子，或是在电视上看超人。就像你和我一样！"

　　观察表明，在学习方面，学生最多只会完成老师所要求的，决不会超额完成，哪怕只是一点点。几百年来，老师们一直为此大伤脑筋。正是由于这个原因，我们的学校必须建立有效的制度和纪律，用以约束学生的行为。这样做的目的不仅有利于教学顺利进行，还能为孩子今后的人生做更好的预备。后者也是教育的主要目的之一。

　　一个能够立足于社会的成年人，必须知道如何工作，如何遵守时间，如何与他人相处，如何坚持不懈地完成既定目标，是的，还有如何服从权威。简而言之，只有拥有良好的自我约束和自我控制的能力，才符合现代生活对人们的要求。所以，也许一个充满爱心的老师能够给予不谙世事的孩子最好的礼物，就是当他想疯跑时让他学会坐下来，想发言时先举手，待人有礼貌，排队时不推搡前面的同学，克制想去踢球的愿望而专心学习阅读。

　　同样，我还希望看到我们的学校重新规定合理的着装要求，禁止穿引发色情联想的服装和宣扬重金属乐队的T恤等。此外，还应强调良好得体的修饰和整洁。

　　我知道，面对今天的现实，这些想法实在是太离奇了，简直令人无法想象。但是，它却能带来立竿见影的效果。我们应当看到，问题的关键不是某种发型或是某种风靡一时的时尚，"对于标准的坚持"才是有效管理的重要因素。军队早在5000年前就对此有所认识！无论是一支冠军球队、一支杰出的乐队，还是一家有成就的企业，他们成功背后最主要的因素都是严明的纪律。因此，对孩子采取放任自流的态度，不对他们的行为作任何要求，是一个天大的错误。我们都需要坚持一些合理的原则。

　　有人竟然会提出：孩子只有在没有任何责任的环境中，才能最大限度地发展自律的品格。这是多么荒谬的想法！把自律当成放纵的产物，这是多么愚蠢的假想！少数父母通过"美国公民自由联合会"和一些疲惫的老法官的法律帮助，系统地对教育体系造成了破坏，这又是多么不幸的事实！那些反对管教孩子的人常常不顾多数人的意愿而自行其道。他们取消了对学生的行为规范，并以对教育者的种种制约取而代之。老师不能要求学生对国旗宣誓效忠；要想惩罚或开除一名学生几乎不可能；老师们深知父母们的厉害，于是不敢直面学生的公然挑衅。以上种种行为导致的结果是：在一些学校中，教学纪律名存实亡。

让那些合理的规范和制度重返校园（有些学校已废除，很多学校并未废除），这个建议在某些西方教育专家和家长们听来可能极其刺耳，其实大可不必。教学工作完全可以将生动有趣和管理有序兼而有之。事实上，日本、俄罗斯和英国的学校就做到了这一点。我们与他们的差别，也正是我们的孩子在参与国际学术竞赛时屡屡失败的原因。

你一定听说过某些国际性的学业成绩测试，也一定知道与其他国家的学生相比，美国孩子的成绩很糟糕。在近期举行的一次高级代数测试中，美国高中组的成绩在15个参赛国中位列第14名。在所有工业化国家的学生中，美国学生的理科分数几乎是最低的。根据美国教育部的相关资料，在8年级的学生中，只有五分之一的人达到了这一年龄应有的能力水平。在联合国158个成员国中，美国学生的整体知识水平仅列第49位。此外，SAT的考试成绩也在逐年下降。

现在，在把这一切错误都归咎于教育者之前，我们很有必要再次审视我们的文化。在我们的社会中，教师和学校管理者一直都是最易受到攻击和最不被重视的群体，他们不仅承担着极其艰苦的工作，而且几乎天天还要为各种他们无法控制的情形受到批评，被人们谩骂。有些批评者似乎是在指责教育者故意误人子弟，我强烈反对这种说法。即使教育者所做的一切都无懈可击，我们的学校仍会面临一系列的严重问题。原因何在？因为学校中所发生的一切，是与整个社会中普遍存在的问题密切相关的。

我们当然不能为孩子们每日所处的生活环境而责怪教育者。家庭的破裂、大量的学生曾经遭受性虐待或其他身体虐待、被忽视、营养不良等，都不是老师的错。当孩子们直到半夜还在看那些毫无意义的电视节目和限制级录像，或是非法使用毒品和酒精时，老师们都无能为力。从根本上讲，在出现大量无法解决的社会问题而使文化走向崩溃的时候，学校教育也会陷入危机。所以，虽然我反对很多现代教育的潮流，但却深深同情那些为了挽救孩子而全心奉献的老师和校长，尽管他们的努力似乎不可能达到目的。今天，他们已经有些灰心丧气了，正需要我们的支持。

尽管如此，我们仍然能够采取一些措施来改正过去的错误，重新建立一个有益于学习的环境。在中学阶段，我们必须使校园成为对学生和老师来说安全的地方。校园中发生的事情是我们无法想象的，那是一杯由枪支、毒品和青春期叛逆调制而成的"鸡尾酒"。在这样的环境中，有些孩子无暇考虑学习丝毫不足为奇，因为他们的生命正受到威胁！是的，我们能够减少校园暴力，只要我们把它当成必须完成的工作目标。或许武装护卫能提供有效的帮助，如果有必要还可以使用金属探测器，也许应该更加严格纪律，开除学生……除此之外，有一点是肯定的：学校的管理要言出必行才能行之有效。领导力强的学校已在改善教学环境方面取得了可喜的进步，就像乔·克拉克（Joe Clark）在新泽西州的帕特森东区中学所做的一样。在这个过程中，首要的工作就是平息校园中的"战火"。

虽然我们不能彻底解决这一代中学生中普遍存在的问题，但是，从长远看，我们应寄希望于刚入小学的这一代孩子。我们可以为这些天真可爱的孩子重写校园规章，重新设计管教力度更强的成绩等级制度。我所说的不是给孩子增加作业负担，而是建议教学应在管理更加有序、控制更加严格的环境中进行。

作为学生首先接触到的教育者，小学教师的特殊作用不可忽视。他们能帮助孩子建立积极的态度，为将来接受的教育打下良好的基础；或是与之相反，将轻慢无礼灌输给孩子。因此，小学六年中的教师将在很大程度上决定孩子对权威的态度，以及在日后初中、高中甚至大学中接受教育的态度。

我在前面提到，博士毕业之前，我曾在学校当过几年教师。在与孩子的日常接触中，我所了解的孩子的思维方式，比我从任何教科书中学到的都多。同时，通过观察其他老师如何运用各种管教方法，我也深受启发。有的老师可以毫不费力地对课堂实施良好控制，有的则总是面临孩子的公然挑衅，蒙受侮辱。我发现他们对待学生的方式有着本质不同。

缺乏经验的老师往往一站到孩子面前就渴望立即讨到他们的欢心。尽管大多数尽责的老师都希望得到学生喜爱，但有些人则过于依赖学生的认可。9月份开学的第一天，新老师皮奇小姐在对学生的开场白中传递了这样的信息："我非常高兴能有机会与你们在一起。对你们来说，这将是充满乐趣的一年。我们要制作肥皂，还有汤，还要在整面墙上画壁画。我们要到野外进行实地考察，还要做游戏……这会是很棒的一年。你们会喜欢我，我也会喜欢你们，而且，我们很快就会有一次狂欢。"

她的课程充满了各种有趣的活动，以表示她对孩子的喜爱。开学第一天一切顺利，因为学生对新学年的开学多少感到些压力。但是，3天后，小布奇开始充当先锋，他想搞清楚全班每个人都想知道的问题：我们能把皮奇小姐逼到什么程度？小布奇急于赢得勇敢者的美名，也许皮奇小姐将成为牺牲者。

在一个精心计划的时刻，小布奇通过一个小小的违抗行为开始向皮奇小姐发起挑战。此刻，皮奇小姐最不愿看到的就是冲突，因为她一直希望在这一年中避免这类事情的发生。于是，她没有回应小布奇的挑战，只是假装没看到他未按自己的要求去做。第一回合中，小布奇胜利了，全班同学都看在眼中。虽然这算不上什么大事，但小布奇毫发未损地过了关。

　　布奇的胜利大大鼓舞了马修。第二天早晨的升旗礼后，马修也发起了挑战，他的行为比布奇更加过分。皮奇小姐再一次对挑战采取视而不见的态度。从那一刻起，混乱开始在班里滋生并愈演愈烈。两周后，皮奇小姐注意到局面已经变得无法收拾。之后她每天都要尖叫发怒，她不知道自己怎么会变成这样。她肯定不想成为一名脾气暴躁的老师。到了下一年2月份，班里的局面变得令人无法容忍，她组织的每一项活动都因缺乏控制而以失败告终。她最不希望看到的事情开始频频出现：学生们公然蔑视她，直呼她的名字，嘲笑她的弱点，对她的生理缺陷指指点点，如大鼻子和近视眼。皮奇小姐只能在课间悄悄落泪，晚上头痛欲裂。校长目睹了班里的无序状态，对她说："皮奇老师，你必须要控制课堂！"但是，皮奇老师不知该如何控制，因为她不知道局面是如何失去控制的。

　　据估计，大约80%的教师在工作一年后离职，其原因是无法维持课堂纪律。针对这个问题，一些大学和教师培训项目专门开设了控制课堂秩序的课程。有的州在立法中要求教师必须经过这方面的相关培训才能上岗，因为这是教学顺利进行的先决条件。其他的州则无相关规定，他们忽视了这样的事实：学习是不可能在混乱无序的教室中进行的！

　　现在，让我们来看看经验丰富的老师贾斯蒂斯太太的做法。她也同样希望得到学生们的喜爱，但她更清楚地知道自己对学生的责任。开学第一天，她发表了就职演说，但完全不同于皮奇小姐。贾斯蒂斯太太是这样说的：
"这将会是美好的一年，我非常高兴你们成为我的学生。我想让你们知道，你们中的每一个人对我来说都相当重要。我希望你们可以在这个班上自由地提出问题，并享受学习的过程。我不会允许任何人嘲笑你们，因为被人嘲笑会受到伤害。我不会故意为难你们，我想成为你们的朋友。好了，我们现在开始上课了。请拿出你们的数学书，翻到第4页。"

贾斯蒂斯太太的发言表明她非常清楚自己要做什么。但是，这个班上那个布奇式的人物3天以后才弄明白（每个班上至少有一个布奇式的人物。如果这个麻烦制造者中途离开，一个新的替代者将会出现）。他同样通过一件小事向贾斯蒂斯太太发起挑战，但贾斯蒂斯太太早有防备，她一直在等待着应战。最后贾斯蒂斯太太成功地予以回击。他输惨了！班上每个人都得到了这样的信息：贾斯蒂斯太太可不是好惹的。哈哈！可怜的挑战者干得不怎么样，是吧？

然后，贾斯蒂斯太太又发表了一个简短的演讲，这些话是她专为留在这个时刻讲的。她说："你们每个人都应该知道一件事：在这一年中，你们的父母赋予我一些责任，让我教给你们重要的知识，我不想让他们失望。我还必须帮你们为下一年的学习做好准备。所以，我不能让一两个想出风头的人影响我的工作。现在，如果有谁试图干扰我们要做的事情，我告诉你，你将度过悲惨的一年。我有很多办法让你感觉不舒服，如果需要，我会毫不迟疑地使用这些办法。还有其他问题吗？好，我们继续上课。"

随后，贾斯蒂斯太太又做了一个小规定（我对此有所保留）：感恩节之前不许嬉笑。到11月时，这位能干的老师终于获得了成功。全班同学都知道她比他们更厉害、更聪明，也更勇敢。接下来就是好消息了：学生们可以在对权威有所了解的情况下享受快乐了。贾斯蒂斯太太可以放松她的控制，全班同学可以一起开怀大笑、聊天并做游戏。但是，只要听到她说"现在该上课了"，孩子们就会立即照办，因为他们知道她拥有完全的领导权。她从不大声呵斥学生，也不敲打东西。事实上，她倾注给孩子们的是他们最需要的爱，而全班32个孩子也以深厚的爱回应她，这是一份令孩子们终生难忘的情感。贾斯蒂斯太太在执教生涯中最大的收获是，认识到教育可以对许多生命产生极其深远的影响。

最后我要说的是，今天，无论在公立学校还是私立学校，都有成千上万的"贾斯蒂斯太太"把毕生的精力全部奉献给了学生。他们应该是我们社会中最值得尊敬的群体，因为他们为人类潜能的发展作出了巨大贡献。我们每个人在早期的学生时代，都会遇到像贾斯蒂斯太太一样的老师。他们激发了我们对学习的热爱，帮助我们塑造自我。

就我个人而言，有许许多多的人曾经为我恪尽职守。我想到了我的高中英文老师麦卡那利太太，她个性坚韧，态度严厉，但我非常爱戴她。那时她几乎把我置于死地，但是，后来我明白了，是她教会我语法基础，也是她教会我闭上夸夸其谈的大嘴，认真听课。在大学和研究生院期间，一些严格的教授塑造了我的思想，像埃迪·哈伍德博士、保罗·卡伯特森博士、迈耶斯博士和肯·霍普金斯博士。其中，除了迈耶斯博士已经辞世外，其他几位教授今天都成了我的好友。我欠他们的恩债是无法偿还的。

然而，他们对我人生点点滴滴的帮助都是通过管教而来的，真正的学习离不开正确的管教。那些从不对我提出要求的教授是令人乏味的，他们已被我淡忘，而永远让我铭记的是那些将心血倾注在我身上，并要求我以优异的学业作为回报的老师们。

你所在地的学区是否对秩序、尊重、职责和管教在教学中的必要性有足够的理解？如果答案是肯定的，为什么不给你孩子的老师或校长打个电话，表达你的欣赏？他们可能需要你的赞扬和鼓励。告诉他们，你已做好准备，随时协助他们完成教育这一重要使命。如果答案不太肯定，就请积极参与其中，帮助学校改善局面。你可以与家长团体共商此事，加入家长教师协会，审查教科书，帮助那些信奉传统价值观和追求优异成绩的人入选学校董事会。家长监督是一项历史悠久的传统，当它发挥作用的时候，学校就能更好地行使职责。我相信，这种监督机制一定会回来！

现在我们来看一些问题。这些问题都与本章所探讨的这个没有偏见、完全客观的主张相关。然后，我们再来继续探讨学习中的其他管教问题。

问题与回答

问：贾斯蒂斯太太说她有很多办法使违抗她的学生不舒服，我很想知道这些办法是什么。我所在学区的情况十分令人头痛，教师也受到一些限制。在这种情况下，可以采取哪些替代办法呢？

答: 如果学区决心改善教学纪律和秩序，当受到学生挑战时，贾斯蒂斯太太的很多做法都可以借鉴。在提出建议前，我想说的是，一个有管理能力的老师很少使用威胁。正如在家中，父亲虽然是更为严厉的管教者，但通常比母亲更少惩罚孩子。一位自信的领导者说"不要过分逼我"，这句话本身有时暗示着令人信服的命令；有时用于应对第一次挑战，如同贾斯蒂斯太太的经历；有时是用来表达老师对学生的爱。令人遗憾的是，这种能力不是轻而易举能够学会的，也无法归纳成一个公式放入教科书中，我们只能从实践和周围的榜样身上学到。

我妻子是一位出色的教师，在管理孩子方面经验丰富。她从学校另一位二年级老师那里学到了一个新方法，能够有效对付班上7岁左右的孩子。这位女老师故意用很轻柔的声音说话，使得学生们不得不非常认真去听才能听到她的话。通过这种方式，她成功地给班上30个孩子灌输了安静有序的课堂礼仪。在这个学年里，他们班的教室更像是个公共图书馆，每个人都小声说话，轻手轻脚地走动。这种管理能力令人印象深刻。有的人天生具备这种能力，有的人则必须通过努力得到。

现在让我们来更具体地讨论这个问题。假设学生顽强地挑衅，想迫使老师摊牌，你该怎么办？当然要视班上孩子的年龄而定，现在我们假设面对的是六年级的孩子。首先，老师必须清楚地知道是什么引起了孩子的叛逆行为。典型的情况是，吵闹的孩子是在寻求周围人的关注。有些孩子宁愿遭人厌烦，也不愿被人忽视。对他们而言，做个无名之辈是无法接受的。针对此类孩子的理想处方是消除他们希望引人关注的行为，然后以不太具有破坏性的行为来满足他们被认可的需要。下面的例子对你可能会有所帮助。

我曾遇到过一个令人头疼的六年级男孩，这个名叫拉里的孩子从来没有闭嘴安静的时候。他总是打破课堂的安静，通过做蠢事、说俏皮话和大声喧闹为老师设置障碍。为了解决他的问题，他的老师和我在教室的边角上为他设置了一个隔离区，在那里除了能看到他前方的教室墙壁外，什么都看不到。此后，只要拉里出现破坏性的行为，就会被隔离一周。这种方法有效地消除了对破坏性行为的强化。当然，他仍然可以在隔离区内装疯卖傻，但是其他同学看不到他的行为，拉里也看不到他的行为在班上所引起的反响。除此以外，每一次乱发脾气都会使他的隔离期延长。

拉里在被隔离了整整一个月后，他的不良行为开始被消除。在他重新回到集体后，老师立即开始对他的合作予以奖励，包括让他做一些"高级工作"（当信使，负责维持秩序等），表扬他所取得的每一点进步，等等。这样做，效果非常显著。

我们必须承认，这种课堂内的措施有时对挑衅行为并不奏效。没有一种对所有孩子都行之有效的方法。在已有的措施不奏效的情况下，我建议使用一种被称为"系统排除"的方法。你可以召集家长会，让家长对孩子的极端行为有所认识，然后告诉他们唯一能让孩子继续留在公立学校的办法是学生、学校和家长订立一个三方协议，协议中规定，如果在上学时间内接到学校的电话，家长必须赶到学校接走孩子。告诉孩子，他每天早晨都可以上学，但只要违反了学校的明文规定，就得被送回家。任何抗拒都不会成功！例如，只要在排队时推搡了同学，无论是在早晨9点零1分，还是下午1点15分，或是刚好在放学之前，他都要被逐出校门。违规的学生没有第二次机会，尽管第二天早晨他仍然可以到校上课。

尽管大家普遍认为孩子讨厌上学，但事实上多数孩子更讨厌呆在家里。白天的电视节目单调无聊不说，更可怕的是妈妈那充满敌意的眼神，因为由于儿子的任性，妈妈不得不打乱自己的安排去学校接他回家。这种控制机制有时能很快消除孩子的破坏性行为，因为对他们来说，挑衅真的是无利可图。接下来老师和家长就可以慷慨地对他们实施积极强化，以奖励的形式对他们学习的愿望予以鼓励。

我在一个行为矫正班里曾经遇到另一个孩子，他被洛杉矶一家大型精神病院认定为是他们所遇见的最具破坏性的孩子。这个孩子在这种控制机制中度过了4个月之后，他才被允许进入公立学校的常规班级上课。如果你能有效掌控各种变数，通常就能影响孩子的行为。

最后，我还要回到开始提到的一点：所有的一切都依赖于当地学区的政策。如果教育委员会和管理层决心改善纪律和秩序，教学局面就能得到控制。这样，老师就不会以1：35的人数比例，面对满教室精力旺盛、嬉笑哄闹、吹牛闲谈的孩子孤军奋战了。老师应该像巡逻警车中的警察一样，一旦有需要就能施以援助；在请求援助时，不应遇到任何抱怨。

每一位老师都需要他的校长以这种方式支持他。我自己曾经当过老师，坦率地说，我不会在一个不相信管教的学区工作。

问：在学校对学生不良行为的管教措施中，您没有提到体罚。您认为可以责打学生吗？

答： 对于初中和高中阶段的孩子来说，体罚是无效的，我不建议使用。但对小学生会有用，尤其是对那些"业余小丑"（相对于"职业小丑"而言）。我反对在学校里取消责打，因为老师的言出必行需要靠某些手段来保障，而我们现在已经系统地废除了这样的传统手段，可供老师使用的手段和工具所剩寥寥。我们不能偏离得太远。

问： **能否再举一个管理课堂纪律的例子？现在的老师需要各种方法来加强领导力，请介绍一种行之有效的方法。**

答： 下面这个方法你也许可以试一下。我的妻子雪莉在辞职生孩子前当过5年老师。丹妮出生几年后，雪莉决定去做一周工作几天的代课老师，以贴补家用，当时我在南加利福尼亚大学研究生院上学。重回教师岗位后，她的第一个发现就是，在管理课堂纪律方面，一位代课老师远比全职老师困难得多。

孩子们看到雪莉走进教室，立即大喊道："喂，伙计们，咱们今天有乐子了！"

雪莉和我坐下来，仔细讨论每天她与这些二年级到五年级的孩子的"遭遇战"。她说："仅有爱是不够的，我需要一些手段来使他们遵守秩序。"

经过共同商议，我们想出了一个我们称之为"魔力粉笔"的主意。事情是这样的：雪莉早早来到教室，在黑板的左边简单地画了一个骷髅，下面写着"毒药名单"几个字。

在这幅可怕的画旁，雪莉还贴了一张纸。做好这一切，雪莉打开门，请学生们进教室。她热情地向满脸疑惑的孩子们问好，故意不提那个骷髅。几分钟后，有人举手问了全班同学都想知道的问题："黑板上画的是什么？"

"哦，对了，"雪莉说，"我正想告诉你们这个'毒药名单'的事情。"

她说："首先，今天我要介绍一下我们的课堂规则。"于是，她告诉学生们发言要先举手，未得到许可不能离座，如果需要纸或削铅笔，则需先提出请求，等等。

"现在，如果你们忘了或是违反了某项规则，我就要求你把自己的名字写到黑板上毒药标志的左边。如果你照做，一切都将平安无事。但是，如果你的名字在黑板上出现了两次，那么（此时，她改用一种表示不祥的声调）……那么，你的名字将被登入'毒药名单'。我想告诉你们的就是，不要让自己的名字进入'毒药名单'。"雪莉从没有明确告诉他们如果进入到那个非同小可的黑名单，那些倒霉的孩子将遭遇什么，但听起来十分恐怖。她暗示那将会与校长有关，但未详细说明。

然后，雪莉快速走向讲台，讲台上的一个杯子里放着一支崭新的粉笔。

"有人知道这是什么吗？"她心情愉快地问道。

"是支粉笔。"几个学生马上回答。

"不仅如此！"雪莉答道，"它看起来像一支普通粉笔，但它绝不仅仅如此。这是一支'魔力粉笔'。信不信由你，这根白色小棍的一端长着小耳朵，能够听到你们的声音；另一端长着小眼睛，能够看到你们（她早在上面画好了耳朵和眼睛）。'魔力粉笔'将会一直坐在我的讲台上，观察你们的一言一行。它会一直寻找某个特殊的人，希望看到一个读书用功、上课安静的男孩或女孩。一旦找到这样的人，它就会突然出现在他的课桌上。"

"如果你被'魔力粉笔'选中，只需拿起它，走到黑板前，把你的名字写在黑板的右边。到下午最后一节课结束时，被选中的人将会得到特殊的待遇。（你想到会有这样的好事吗？）你将被允许提前3分钟放学！"

这可是一件不同寻常的事儿！3分钟本身并不那么重要，但是被"魔力粉笔"选中：把自己的名字写在黑板上，让全世界的人都能看到。然后，当全班同学不得不待在教室的时候，自己却能堂而皇之地走出去，这种特殊的待遇的确难得。当然，还有当"魔力粉笔"突然出现在旁边时带来的激动和兴奋，因为所有的人都在为此努力呢！

这个方法的确魔幻般地有效，因为孩子们喜欢它。在差不多两年的时间里，雪莉每次在上课使用这个方法时，总是尽量让大多数孩子的名字进入到"魔力粉笔"名单中。与此同时，她从来没有在"毒药名单"中写下任何人的名字。

在我看来，这个方法涵盖了精心设计的管教方法中所应具备的一切要素。首先，孩子们觉得它有趣；第二，它让行为良好的人有所得，行为不良的人有所失；第三，它使老师不必发怒；第四，易于实施。

你可以充分发挥创造力，设计出适合自己的方法。小学阶段的学生很容易被游戏、幻想和某种人为的标记或地位所吸引。但对初中和高中学生来说，想以此吸引他们就难得多了。

问：对于雪莉使用代表死亡的标志，以及提前3分钟给学生下课，让他们处于

无人监管状态，家长或学校管理部门是否提出过异议？对她把孩子与毒药这种致命物质联系在一起，您怎么看？

答： 据我所知，没人对这个方法提出过异议，尽管存在有人提出异议的可能。今天，任何一种管教方式都会招致一部分人的反对。无论是让做错事的孩子放学后留校（"上一天学的时间已经够长的了"），还是罚孩子抄100遍句子（"真是白费力气，从中什么都学不到"）；无论是对爱惹麻烦的孩子勒令退学（"从原则上，我们反对这样做"），还是使用体罚（"这根本无效，并且是残忍的"），没有一种管教孩子的方法不会遭到某些人的抨击。不过，我认为，为了社会的共同利益，老师应当享有一定的自主权。否则，混乱将统治教室。

问： 迈拉·沃伦斯基在她的"忏悔书"中提到，"沙滩与海"学校不允许课堂教学有任何组织和结构，因为这样会破坏创造力。我多次听到"纪律会摧毁创造力"这样的观点，这种观点可能成立吗？

答： 我们都听到过这样的警告：严格的纪律会摧毁创造力，一些研究甚至在证实这个假设。但是，在我看来，只有在良好的秩序下，人才能集中精力思考，从而使创造力得以更好地发挥。混乱和创造力不可能并存。从另一个角度讲，极端压抑的氛围也会扼杀人的学习兴趣，这就是那些研究证明的。一切似乎都应归结到"平衡"一词中，教学中的管教问题也不例外。

问： 如果您有一个上小学的孩子在教学秩序混乱的班里，而老师又缺乏组织管理能力，您会怎么做？

答： 我会尽一切努力将我的孩子换到另外一班。与一个不称职的老师在一起待10个月，孩子就会养成一些坏习惯和不正确的态度。如果条件许可，你可以考虑让孩子在家学习或请私人教师。

问： 您曾提到西雅图的"选择小学"没有正式课程，没有评分制度及整体教学计划，等等。我猜想您偏爱那种强调事实记忆的课程，但我认为这是一种低层次的学习。我们需要教给孩子一些概念，并帮助他们学会思考，而不是"填鸭式"地灌输知识。

答： 我同意应该教给孩子一些概念，但这不可能凭空产生。比如，要想让他们对太阳系的概念有所了解，并且知道行星在围绕太阳旋转时的相对位置，我们该怎么做呢？一种方法是让他们知道天体间的距离，比如：太阳距地球9300万英里，而月亮距地球仅24万英里。通过这些事实，孩子们可以掌握相对位置的概念。我想说的是，通过对事实的理解能够让孩子们学会概念。

问： 但是，您还是过于强调记忆过程，这是一个低层次的教学目标。

答： 在人的一生中，人脑可以存储大约20亿条信息。有很多途径可以帮助我们完成思索过程，记忆就是其中之一。我这样解释吧，如果你必须接受外科手术，你会希望医生记住书上讲的每一块肌肉、每一根骨头、每一根血管，以及结扎方法，因为你的生命将依赖于那位医生对这些实际信息的掌握能力。

很显然，我强烈反对某些学术圈中的观点，这种观点认为："既然没有什么是一成不变的，我们何必还要学习？"不能给予持这种观点的人以教学权力，他们是没有可售之物的商人！

问：和您一样，我也发现小学、初中甚至高中学生都倾向于敬佩更加严格的老师。为什么会这样？

答： 首先，那些善于维持秩序的老师，只要不是刻薄和爱发脾气的人，常常是学校教职员工中最受尊敬的人。一位能够有效控制课堂，又不让人感到压抑的老师往往最受学生喜爱，其原因在于：秩序带来安全感。当课堂局面失控，尤其在小学阶段，孩子们就会产生恐惧感。如果老师不能有效地规范学生的行为举止，怎能制止一个执意按自己的意愿行事的小霸王？怎能制止学生嘲笑班上的弱势孩子？所以，一位有管理能力的老师能给孩子带来安全感。

其次，孩子热爱公正。当有人违反规则时，他们希望立即予以惩处。他们敬佩那些能够公正执法的老师，并希望在合理的道德规范中获得安全感。相反，那些无法控制课堂的老师不可避免地使行为恶劣的人有利可图，从而使孩子价值观中的某些核心内容遭到破坏。

最后，孩子敬佩严格的老师是因为混乱使人神经紧张。尖叫、打闹和疯狂只能带来10分钟的乐趣，随之而来的混乱令人厌烦和愤怒。

每当看到二三年级的孩子在一起头头是道地评论老师不同的管教技巧时，我常发出会心的微笑。孩子们知道应该如何管理好一个班级，我真希望所有的老师都懂得这个道理。

问：关于该让孩子干多少活儿，您能给我们一个指导建议吗？

答： 孩子的工作和游戏应当合理平衡。过去很多农场家庭的孩子每天都要干很多活儿，很辛苦。每天一大早和放学后，他们都要去喂猪、捡鸡蛋、挤牛奶和拾木柴。他们几乎没有游戏时间，他们的童年生活相当乏味。这是一种极端的情况，我当然不希望再看到这种情况。

然而，与此形成鲜明反差的是尼尔所倡导的另一个极端，他认为我们甚至不能让孩子去做浇草坪和遛小狗的活儿。按照他的建议，我们应该允许一个初中生挺着吃撑了的肚子，躺在那里看上6或8小时的无聊电视，而无视角落中积满尘土的作业。两种极端都会对孩子造成损害。平衡的方法是既赋予孩子责任和工作，又为他保留玩耍和娱乐的时间。具体的工作时间长度要视孩子的年龄而定，随着年龄的增长，工作任务应逐渐增加。

最后的想法

在结束探讨教学管理之前，我想在此重温曾被收录在本书第一版中的一篇采访记录，它最初发表于1965年4月的《美国新闻与环球报道》杂志，是对世界著名的犯罪学家谢尔登·格鲁克（Sheldon Glueck）教授夫妇的专访。格鲁克夫妇因对青少年犯罪及其原因的深入研究而闻名于世。在采访中，他们描述了那个时期青少年的行为，以及社会变化的趋势，他们的谈话极富预见性。

《美国新闻与环球报道》（以下简称为《美国新闻》）： 是什么原因导致当今犯罪率急剧上升？

格鲁克： 原因是多方面的。我们今天所看到的绝大部分犯罪趋势自第二次世界大战以来正在不断发展。

首先，越来越多的母亲外出工作。她们中的很多人把孩子留在家里或是大街上，这些孩子或多或少地成为了无人看管的孩子，他们因此失去了幼年所需要的母亲的带领和安全感。

伴随着这一变化，父母管教孩子的态度也发生了重大改变。无论是在家里还是在家外，管教态度越来越趋向放任，也就是说，对于行为的约束和限制越来越少。

《美国新闻》： 这种态度对现实生活有何影响？

格鲁克： 看来影响不太好。生活本身需要一定的纪律，无论是在学校、在家里，还是在社会中。如果在孩子的品格形成期没有融入普遍性的制约，最终将导致社会混乱。

《美国新闻》： 您是说社会道德价值体系正在崩溃吗？（作者注：这个问题是在所谓"新道德观"出现的几年前提出的。）

格鲁克： 是的。不仅父母，包括很多人在内，都对道德标准似是而非，因此，管教孩子变得更加困难。

例如，现在的孩子可以接触到形形色色的音像图书制品，而我们很难决定哪些内容应当通过审查被删减掉。

也许你会认为，从总体上看音像书籍的审查制度没有太大必要。但是，你也应该知道在某些方面必须加以限制，尤其是涉及孩子的时候。事实上，在决定应该在哪些方面加以限制之后，结果往往是什么限制也没有。而正是由于家庭内外都对孩子缺乏限制，才导致了青少年犯罪的日益猖獗。

《美国新闻》： 少年法庭是否对孩子太宽容了？

格鲁克： 有时候是这样的，但更多的时候是处罚标准不统一，因为法官享有广泛的裁定权，而且，他们常常依靠直觉和预感，而不是与案子相关的资料。

《美国新闻》： 您认为严厉处罚会对未来的犯罪产生威慑力吗？

格鲁克： 违法必究无疑极具威慑力。因为恐惧是人的一种基本情感，它在人格的塑造中起着非常重要的作用。在这一点上，我们现在的教育是背道而驰的，这往往让孩子感到他不会因为做错事而受到惩罚。

当然，单纯强化对惩罚的恐惧也有失偏颇，但消除这种威慑力同样是错误的。

《美国新闻》： 防止孩子成为麻烦制造者，学校能够在这方面有所作为吗？

格鲁克： 当然可以。就像我们提到过的，有精力旺盛、无法长时间安坐的孩子，也有生性喜欢冒险的孩子。

我们认为，学校的基本功能除了满足其他社会需要外，还有一个功能就是要让孩子认识到规则是必须被遵守的。否则，每个人都任意而为，社会将陷入混乱和暴虐。这种不利局面不仅可以在少年罪犯身上看到，也能在很多大学生身上看到。他们要求越来越多的自由，实际上，他们需要的是更多的约束和更高的权威管教。

《美国新闻》：您认为犯罪和行为过失还会继续上升吗？

格鲁克：很可能会继续上升。我们认为，如果这种恶性循环的局面不能得到彻底整治，我们将经历一个前所未有的暴力时代。

你只要去读读发生在纽约地铁里的凶杀和攻击事件，就会明白这一点。在几年前，还没有人会认为公共交通是不安全的。我们认为这种趋势不会得到遏制。一个犯罪儿童长大成人后通常还会养育出犯罪儿童，这不是遗传因素导致的，而是久未得到解决的内心冲突使他们无法成为称职的父母。

格鲁克教授夫妇准确地预见了在当今民主社会中存在的无序状态，虽然他们可能无法具体地说出今天在公共场合中，一个小小的口角就会导致枪击、滥杀无辜和蓄意谋杀的原因。对于格鲁克夫妇早在30年前就认识到的根源，今天难道还不能引起我们的关注吗？

THE NEW
DARE TO
DISCIPLINE

第八章

学习中的障碍

EIGHT

THE
BARRIERS
TO
LEARNING

　　我们一直在讨论管教在父母与孩子关系中的重要性，特别是当管教涉及服从、尊重与责任时。我们也探讨了权威在课堂里的重要性。现在我们有必要来探讨管教孩子涉及的另外一个方面：与孩子的心智和道德品格有关的问题。

　　首先要关注的是成千上万在学校里不成功的孩子——"问题学生"。这些问题学生不能或是不愿意履行父母和老师寄予他们的学习责任。父母对他们大吼大叫、恳求、威胁；老师对他们则是帮助、强制、警告，可谓什么办法都用尽了。可是，他们还是年复一年地对大人的强迫无动于衷。他们到底是一些什么样的孩子？学习上的管教为什么对他们如此困难？是他们懒吗？是他们笨吗？是他们根本就不在乎？还是我们的教育方式出了问题？我们如何才能帮助他们在早期人生经历中免受失败的刺痛？

　　在担任学校心理辅导员的几年里，我有一个深刻的体会，就是那些因学习问题而需要我帮助的学生有很多相似之处。尽管每个孩子都有独特的个性，然而绝大多数成绩不佳的学生都存在若干共同问题。有几种情况在不同的孩子身上反复出现，妨碍他们正常学习。在这一章和下一章，我们要讨论在学校表现不佳的孩子的三种主要类型。父母应当仔细地对照，看自己的孩子是否有类似的问题。

一、发育迟缓生

唐纳德今年5岁，马上就要上幼儿园了。他是个小不点儿，发育比较迟缓，在很多方面还像是妈妈身边的小宝贝。跟伙伴们相比，唐纳德的语言显得幼稚，身体缺乏协调性。他每天要哭闹三四次，其他的孩子总是拿他的天真无知寻开心。儿童发育心理专家或是儿科医生不会认为他有生理疾病或智力障碍，他只是比大多数同龄孩子的发育迟缓一些。

尽管如此，唐纳德5岁的生日还是到了，每个人都知道5岁该是上幼儿园的年龄了。唐纳德也渴望上学，但在内心深处，他对这个新的挑战感到紧张，尽管他不太明白为什么。他知道妈妈非常希望他在学校有出色表现，爸爸也对他说，如果学习不好，他将来会是一个"失败者"。

虽然不太清楚失败意味着什么，但唐纳德肯定不想成为一个"失败者"。爸爸妈妈期望他有一些过人之处，他也不想让他们失望。他的姐姐帕迈拉现在上二年级，成绩不错。她能读，能写单词，还能说出一个星期中的每一天。唐纳德希望自己也能学会这些。

对于唐纳德来说，幼儿园的日子还是比较宁静的。他在那里骑三轮车，拉木马车，玩玩具钟。如果有他的老师莫斯小姐在身边，他愿意独自一人玩上很长时间。莫斯小姐清楚地知道，唐纳德发育尚不成熟，还不到读小学一年级的时机，因此她对他的父母说，是否可以考虑让他在幼儿园里多待一年。

"幼儿园不毕业？！"他爸爸说，"这孩子怎么可能幼儿园不毕业？有哪个小孩会幼儿园不毕业？"

　　莫斯小姐尽量解释说唐纳德并不是幼儿园毕不了业，他只是还需要一年的发育成长才能读小学一年级。莫斯小姐的建议让唐纳德的父亲心里很不是滋味。

　　"这孩子已经6岁了，该学习读写了。整天拉着那辆不会说话的马车来回转悠，骑着一辆无聊的三轮车，这对他有什么好处？让孩子上一年级！"

　　莫斯小姐和校长不得已还是听从了唐纳德父亲的建议。紧接着，9月到了，唐纳德费力地抓起他的米老鼠午餐盒，迈着摇摇晃晃的步子，走进了一年级的课堂。从第一天开始，他在学习上就遇到了麻烦，而阅读似乎是他最大的问题。他的新老师福奇小姐教全班同学认读字母表。唐纳德发觉他们班的大多数同学都已经学会了，而他还得费点力气才能赶上。但是进度太快了，福奇小姐接着又开始教其他新知识。她希望全班同学都已学会了每个字母的发音。不久，唐纳德就落得更远了。

　　没过多久，班上的同学开始阅读有趣的故事了，一些孩子能够顺利跟上，但唐纳德却还在费力地学习字母表。福奇小姐根据同学们的能力把全班分成三个阅读小组。为了掩盖一个组比其他小组差的事实，她给三个小组分别取了具有伪装性的名字："狮子组""老虎组"和"长颈鹿组"。福奇小姐的动机是好的，但是谁都清楚她这样做的原因。大约两分钟后，同学们就都明白了：分在长颈鹿组里的都是一些笨蛋！唐纳德开始因为自己学习没有长进而焦虑。他心里开始时常出现这样一个令他痛苦的念头：他是不是在某个方面犯了大错！

　　10月份召开了第一次家长会。在家长会上，福奇小姐把唐纳德在学校遇到的问题告诉了他的父母。她描述了唐纳德的不成熟，以及不能集中精力听讲的情况。每天的大多数时间里，他都不能待在自己的座位上。

他父亲说道："胡扯！这孩子需要的只是一点点训练。"他坚持要求唐纳德把课本带回家里，以便父子俩能够坐下来进行补习，可是唐纳德所做的每件事都让父亲感到生气。他那幼稚的脑子总是走神，用不了5分钟，他就会将父亲教他的东西忘得一干二净。父亲的气恼情绪不断上升，而他的学习效率却不断下降。终于，唐纳德的父亲一巴掌拍在桌子上，冲着他怒吼道："你就不能专心点吗？你不要这么笨，行不行！"这个可怜的孩子永远都不会忘记父亲这句令他伤心的话。

尽管唐纳德还是徒劳地在他早年的求学生活中努力着，但到了11月份，他还是对学习失去了兴趣和动力。他不是茫然地望着窗外，就是用铅笔在纸上乱涂乱画，或窃窃私语，或随意玩耍。他不会阅读，当然也就不会拼写，也就无法与同学们正常相处。他感到身在局外，对学习感到厌倦乏味，大多数时间都不知道自己要干点什么。他感到不自在，茫然若失。

"唐纳德，请站起来，读下一段。"老师对他说。他站起来，不断地把身体的重心从一只脚移到另一只脚，努力地想读出第一个单词。女孩子们开始暗暗发笑，接着他听到一个男孩子说："真是根木头！"唐纳德的问题起初是发育迟缓，但是现在已发展成为情感上的定时炸弹，在他心灵里日积月累地增长着对学校的憎恨。

悲剧在于，唐纳德本来完全不必遭受学习失败带来的屈辱。其实只要再有一年时间，他就会发育好，就完全可以应付一年级的学习。而现在，学习上的责任正在伤害他。在判断孩子何时可以开始上学的问题上，年龄可能是一个最糟糕的标准。同是6岁的孩子，发育程度可能有很大差别。一些孩子成长得快，脑子比较聪明，但也有一些孩子像唐纳德一样，还未度过幼儿阶段。另外，这个年龄段的孩子，男孩的成长往往要比女孩慢大约6个月。正如我们看到的，一个发育迟缓的男孩在刚到6岁入学年龄的时候，要比大多数的同龄孩子落后一大截。这种发育不成熟在孩子的社会交往和智力发育方面都会产生深远影响。

发育不成熟的孩子之所以在学校里表现不佳，其中一个原因可能与他缺乏一种名为髓磷脂的有机物有关。刚出生时，婴儿的神经系统不会与母体完全分离。婴儿之所以不能伸出手去抓住物品，是因为大脑发出的电子指令或脉冲在从大脑到手部的传输过程中消失了。慢慢地，一种极其细微的物质（髓磷脂）开始覆盖于神经纤维之上，这样才能产生有意识控制的肌肉活动。

髓鞘化的过程从头部开始向下扩展，从身体的中心开始往外扩展。换句话说，婴儿先有能力控制头部和颈部的活动，然后才能慢慢地控制身体其他部位。肩部的控制早于肘部的控制，然后是手腕、手部大肌，最后才是手指小肌的协调性动作。

对小学生要先教印刷体字母，然后才能学习手写草体字母，因为对细微的指部动作的控制的发育相对要晚一些。这种发育模式对发育迟缓者尤其重要。由于人体视觉器官通常是最后完成髓鞘化的神经组织，因此发育不成熟的孩子也许到6岁时还没有完成这一必要的发育过程。

发育不成熟或不协调的孩子，也许在神经功能方面还没有为读写等智力能力做好准备。尤其阅读是一个高度复杂的神经作用过程，视觉刺激必须被准确无误地传送到大脑，在大脑中进行破译，进而被储存到记忆当中。并非所有6岁的孩子都具备了完成这一任务的身体条件。遗憾的是，我们的文化几乎不容许有违背或偏离既定入学时间表的特例。6岁的孩子必须学习阅读，否则在情感上就会认为自己是一个失败者。

也许有人会问："为什么发育迟缓生在经过几年发育成熟后，还是赶不上班上其他同学呢？"如果所出现的问题仅仅是一种生理现象，那么我们当然可以期望那些发育迟缓的孩子能赶上那些发育较早的同学。然而，这种困境无一例外地会因为情感因素的作用而变得十分复杂，难以化解。

一个人心中的自我形象可以轻而易举地遭到破坏，但要想重新建立自我形象却是异乎寻常的困难。一旦一个孩子认为自己笨拙、无能、愚蠢或是无知，要消除这种想法就难上加难了。如果在初期的学习过程中磕磕绊绊，那么在学校的严格要求和家人的殷切期望的双重压力下，他时常会处于煎熬之中。这种情感上的压力往往难以化解。他无法在父母和老师面前为自己的失败找出合适的理由。父母或老师大多数情况下不可能给他丝毫慰藉，不可能抚慰他受伤的心灵。在这种紧张的压力之下，他的自我意识常常受到伤害，而且这种经历给他的个性成长带来的影响直到成年都无法消除。

其实，解决孩子发育迟缓的问题还是比较简单的：不要按照孩子的年龄来确定他什么时候该上一年级，而应当根据他的神经系统发育、心理健全程度、社会交往能力，以及儿科方面的相关因素而确定。通过简单的检查测试就可以分辨出唐纳德这种极端情况。尽管绝大多数孩子都可以在6岁入学，但还是应当为一些特殊的孩子保留更大的选择余地。

无论学校是采纳还是拒绝，我都建议那些发育迟缓孩子的父母，请儿童成长专家（如儿童心理专家、儿科医师、神经学专家等）进行入学准备测试。对于那些在第一学年后半期才过生日的迟熟男孩来说，这应当成为"必须"程序。我们不能低估这种做法的作用，因为这一简单的程序也许可以使你的孩子免受多年痛苦。

经测试，如果确定孩子发育迟缓，那么可以让他再上一年幼儿园，或者在家中再待上一两年。尽管在这个问题上现在已经形成了共识，但是对于小学前几学年在家接受教育的孩子而言，我们没有理由也没有确凿的事实可以证明，他们在重返学校接受正规教育时必然会不适应，或是有障碍，或"离群索居"。如果父母愿意让待在家里的孩子走进大人的世界，跟他交谈，带着他逛商店，领着他郊游，让他在厨房里帮助干活，或是帮爸爸在车库打下手，这样他就用不着正儿八经地长时间坐在课桌前了。对于这一问题的研究已经相当具体了，研究结果非常令人振奋。

那么，他们重新进入学校时又会怎么样呢？多数情况下，这些在家里接受教育的孩子会在几个月的时间里赶上并超过同班同学。在接下来的几年里，他们还有可能成为佼佼者，因为他们没有在早期脆弱的日子里遭受严重打击。换句话说，同龄群体对他们的影响会少很多。

对于发育不成熟的孩子来说，在这么幼小的年龄，正规的功课并无真正必要；事实上，即便对那些接受能力比较强的孩子来说也是如此。我知道，这与国家教育协会希望我们相信的那些准则相左：他们建议让所有4岁孩子接受强制教育。此外，对于那些父母都有工作，需要为孩子找一个安全、健康场所的家庭来说，这种观点大概不会不受欢迎。但把孩子过早地送出家门不符合孩子生长发育的实际，这是不言而喻的事实。

这就是家庭学校运动（home-schooling movement）得以迅猛发展的原因。

在一项调查中，我们机构随机调查了4000人，以了解他们当中是否存在着某些明显的倾向和看法。令我们吃惊的是，13%的被调查者曾经对孩子进行过"家庭学校"教育。尽管对母亲（和父亲）而言，家庭学校是一种挑战，但是这种教育下一代的方式还是取得了很大成功。家庭学校尤其适合像唐纳德这样的孩子，他们需要有一定的时间发育成熟，然后才能开始接受正规的学校教育。

开始写作本书时，我还从未听说过家庭学校。我在研究生院接受的教育，让我们相信应该尽可能早地接受正规的学校教育。但是现在，我成了一个将孩子在父母身边多留一段时间的热心支持者。《学校可以等待》一书的作者雷蒙德·摩尔博士（Dr. Raymond Moore）是一位早期家庭学校运动的领导者。1980年代初期，他对我产生了很大影响。我承认，家庭学校并非适合于每个人。不过，对于大多数尝试过家庭学校的人而言，他们的努力总能得到成功的回报。可以这么说：如果我和雪莉有机会重新选择，我们会对我们的两个孩子进行家庭学校教育，至少在刚开始的几年里。

对你的小"唐纳德"而言，无论你选择家庭学校，还是让他在幼儿园里再待上一段时间，我都极力主张为他免除来自学习的压力，直到他稚嫩的双腿能够稳稳地支撑起他的身躯。

二、学习迟缓生

另一类可能会在学习上遇到很大麻烦的孩子是"学习迟缓生"，和一般同学相比，他们的接受能力比较慢。在进一步讨论这个问题之前，我请读者耐下心来，听我作一个简要的技术解释。为了理解学习迟缓生，我们有必要看看总人口的智商平均分布图，如图所示。

　　分布图中心的阴影部分表示智商值的"正常范围"，其分值在90—110之间。每个范围的精确智商值会因为采用的智力测试标准不同而有所差异。在绝大多数智力测试中，50%的个体智商值都位于这个中间范围。不过，有趣的是，几乎所有人都认为自己的智商值在100以上。如果我们要求1万个人评估自己的智商等级，几乎没有一个人会认为自己的智商值低于平均水平。但是，事实上，总人口中可能有一半左右的人实际智商值低于100。

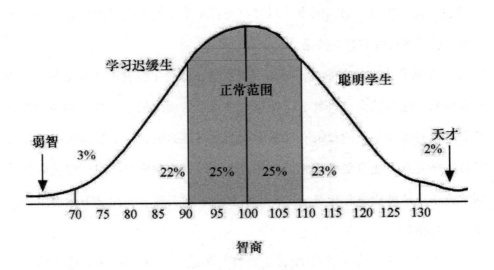

总人口的智商平均分布图

　　同样，父母常常会认为自己的孩子具有超常智商。这是一句我们经常听到的话："根据'周日补测'的测试，霍帕特的智商是214。"智商值高于150分的人寥寥无几，而霍帕特不大可能就是其中之一。

　　"天才"位于智商分布图的最右边。在所有的孩子和成人中，只有近2%的人具备这种异常聪慧的智商。与此相对应的是，有近3%的人处于智商分布图的另一个极端，他们被视为"弱智"。美国大多数州为智力低下的孩子提供特殊教育，还有一些州为天才孩子提供加强教育计划。

　　如前所述，我提供这些数据的目的，在于说明学习迟缓生的问题，他们的智商值处于70—90之间。在一所具有代表性的学校中，这样的学生占到了总数的近1/4。在很多方面，他们是需要儿童发育专家帮助的最不幸的孩子，其中需要给予特别关注的是智商相对更低（70—80）的那些学生——实际上他们注定会在学习上遇到困难。尽管与弱智学生没有太明显的区别，但是他们却享受不到特殊教育的待遇。

　　一个智商为70的弱智孩子可能有资格享受专业化程度很高且花费不菲的教育计划，包括接受小班教学，使用经过特别培训的教师和视听辅助设施，享受"没有不及格"的政策。与之形成鲜明对比的是，一个智商为80的学习迟缓生却通常不能享受任何此类优待，他必须在常规班级中跟所有更聪明的同学竞争。这种竞争意味着一定会出现胜利者和失败者，而学习迟缓生肯定总是"失败者"。

　　让我们想象一下一个不能算是聪慧的年幼学生在教室里的痛苦境况。他属于那种"如果有能力的话，他会做得到——但问题是他没有能力"的孩子。尽管不是完全没有能力，但他极少有机会感受到在拼写测验中得满分的激动。在挑选参加学习活动或竞赛的学生时，他是最没有可能被挑中的。在通常情况下，他是最没有可能从老师那里获得同情的学生。与学习成绩一样，他与同学们的交往情况也好不到哪儿去，其他的孩子会公开地排斥他。

　　和发育迟缓生一样，学习迟缓生会逐渐形成"失败者"形象。这种负面形象将扭曲他的自我意识，伤害他的自尊。一次，我的一位同事偶尔听到了两个学习迟缓生之间的对话，他们的对话证明了这一点。在讨论与女孩子交往的前景时，其中一个说："我本来一直做得不错，但是她们很快就会发现我是个差生。"很显然，这个孩子对自己的缺陷非常敏感。

　　没有什么方式能比将这25%智力上有障碍的孩子置于这样一种环境中更能扼杀他们的自信了：他们无法出类拔萃，欠缺和不足是每日的家常便饭，低人一等是生活中必须面对的现实。毫不奇怪，这样的孩子通常会在三年级时成为烦人的捣乱者，六年级时成为班里的小霸王，初中时成为班上的长舌头，到高中时就成了辍学者或是少年犯。

　　学习迟缓生与发育迟缓生的一个重要差别在于：时间不足以解决他在学习上遇到的问题，他的情况不会在第二年有所改观。事实上，随着年龄的增长，他会落后得更远。学校的习惯做法是让学习上有困难的孩子留级一两年，但事实证明，这是一种最无济于事、最不科学，也是最不幸的做法。

　　除了雪上加霜，留级绝对不会带来任何好处。对于这个问题，越来越多的科学证据令人无可辩驳。很多跟踪研究表明，留级的学生在第二年里会继续在学习上遭遇失败，情感方面的障碍会加剧他们学习上的问题。留级的学生被迫留下来与一帮"小家伙"待在一起，而他的同龄伙伴则升入了新年级，有了新老师。他为此感到自己年龄太大，觉得自己愚笨。所有亲戚朋友都知道他学习不怎么样。在他的整个学生时代，总会有人问一些揭老底的问题，如："你已经13岁了，怎么才上五年级？"他只好回答："哦，我留过三次级。"这种坦诚对于一个学生来说是痛苦的。

　　我们还可以预料到接下来的一个问题：留过一两级的孩子很可能比他的同班同学更早经历青春期，这很可能会带来不幸。在比别的同学多用了一年甚至更长的时间后，学习迟缓生终于升到高中，他通常发现自己更加难以承受学习上遇到的困难。

　　一次，一个长相已经很成熟的十年级学生被移交到我这儿，因为他宣布要退学。我问他为什么要退学，他说："从一年级开始，我就一直很痛苦。每一年我都感觉到自己的难堪和愚笨。老师让我站起来读课文，可我甚至看不懂二年级的课本。以后我再也不让你们这些人嘲笑我了，我要退学。"我告诉他我并不责备他有这样的想法，他的遭遇也有我们的责任。

　　令人吃惊的是，即便经历过多年的失败，一些学习上有障碍的学生仍然愿意奋斗。作为一名心理专家，当那些最坚强、最困难的高中学生为一个矫治阅读计划的成功而倍感激动时，我总是深受鼓舞。他们从心里渴望学会这种技能，但又认为自己太笨了。当阅读矫治老师让他们相信他们也能学会时，一切都改变了。

　　有一个名叫杰夫的身材高大的小伙子对自己的进步震惊不已。他眼含热泪望着老师说："上二年级时，我带回家一张成绩通知单，阅读成绩是'F'。当我老爸看成绩单时，我就坐在沙发上。然后，他拿着一根皮带走了过来，开始打我——他把我的自信和自尊彻底打没了。打那之后，这是我第一次在学校做对了点事情。"

　　有一次我受邀去评估一个名叫维利的高中生，他的历史考试三次不及格。他毕不了业，因为这门必修课必须拿到"D"或是更好的成绩才能毕业。我对他进行了测试，发现他是一个学习迟缓生。他的老师以前要求维利跟其他同学平等竞争，知道这个结论后，他大为吃惊。我觉得老师没有意识到孩子的能力缺陷，这是不公平的。所以我设计了下面这个信函格式，用来告知其他拥有像维利这样学生的老师：

（绝密）

学生姓名（严格保密）

该同学明显存在某些缺陷，这对于理解他的学习成绩和课堂上的行为表现也许非常重要。虽然严格按照《教育法》，他并不符合特殊教育的条件，但他的智力水平似乎应属于"边缘"一类。把他从常规班级转走确实没有任何法律依据，但我们也不应该期望他能跟那些更聪明的同学竞争。

如果我们武断地要求他像其他具有平均智商的学生一样，在考试中达到班级的平均分，那么，结果肯定是失败。但是，从另一方面看，我们也不能允许他不努力、在班里混日子。

由此看来，正确的做法应当是，我们应根据他的努力和进步、根据他个人的学习能力来评定他的学习情况。不考虑他的努力程度而给他不及格，就等于拒绝给他毕业的机会。

如果您还需要关于他的更多信息，我将很乐意与您一起讨论。

（请注意：为了尽量避免学生尴尬，阅后请销毁此函。）

在收到这种信函之前，一些老师从来没有考虑过为学习迟缓生制定一个较为容易的学习目标。即便收到了这种信函，少数老师仍然不会考虑这个问题。

每当我想到学习迟缓生时，14岁的罗伯特就会出现在我的脑海里。他上六年级，比同年级中最高大的同学还要高5英寸，重20磅。尽管他在二年级和四年级时两次留级，可他还是没有学会阅读和写作。他的老师使尽浑身解数来激励他，但所有的鞭策和诀窍对罗伯特都无济于事，于是他干脆放弃了努力。

当老师威胁要让他第三次留级时，罗伯特感到了恐惧。他甚至把自己想象成一个年逾古稀仍然坐在六年级教室里的老学生。这个噩梦般的想法促使他在课堂上付出了最大的努力，但由于学习能力方面的障碍，他并没有取得明显进步。在期末考试成绩单发下来之前，罗伯特一直处于焦虑之中。领成绩单的那天上午，罗伯特因为紧张而脸色苍白，浑身发抖，直到他看到这样的结果：升入七年级。

先前，罗伯特的老师并不是恶意的，他只是希望能促使罗伯特在学习上付出最大努力。不过，用留级这种会带来社交灾难的方式对他加以威胁却是错误的。与天才或是聪明的孩子一样，学习迟缓生或留级的孩子同样需要得到情感上的满足和认同，内心情感的安宁不应成为教育的牺牲品。

尽管让学习迟缓生留级会带来这样那样的后果，但我相信有些孩子确实能从留级复读中获益。对于留级，最好的指导原则是：让那些在第二年里确实能有所改变的孩子留级。比如，一个在一学年中生病达7个月的孩子，在病愈之后留级复读一年也许会对他有所帮助。还有那些发育迟缓的孩子，他们就应当留在幼儿园（最迟在小学一年级），让他们和那些发育程度相当的孩子在一起。

　　然而，对于学习迟缓生来说，留级不会带来任何变化。如果他在四年级学年的6月份没能升入新的年级，那么他在9月份的四年级学习中同样不会有出色表现，这是因为每个年级的课程内容和难度在前后两年不会有太大变化。每一年都会重复一些相同的概念，每个学年都会讲授一些新的知识，但大部分时间都用于学生的复习。

　　例如，加减法在小学的头两年就教了，但六年级还需要在加减法运算上做大量的练习。名词和动词的概念和用法会反复讲授好几年。下面的图A比图B更准确地反映了年级与年级之间课程内容重复的情况。

　　可见，留级的最不合理之处在于，让学习迟缓生在接下来的一年里重复那些简单的概念。他是不会在又一次的重复中做得更好的！暑假补习学校同样不会带来什么奇迹。有些父母希望自己的孩子能在七八月份几个星期的补习中取得之前10个月在校学习都不可能取得的成绩，但他们通常会失望。

　　既然留级和暑期补习都不能解决学习迟缓生的问题，显然我们必须面对的一个问题是：我们能为这些孩子做些什么呢？以下列举的办法也许对那些为数不少的学习迟缓生有所帮助：

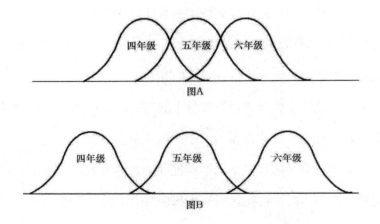

图A

图B

1. 教他们如何阅读，即便需要一对一的辅导（很可能需要）。 几乎每个孩子都能学会阅读，但如果是大班教学，很多孩子可能会遇到困难。他们可能会开小差，无法及时提出问题。学校要雇用阅读矫治老师也许需要付出高昂的代价，但没有什么花费比这更值得的了。对于那些缺乏单独辅导就几乎不可能学会阅读的孩子而言，特殊的技巧、教学器械和个别强化可以成功地教会他们这一基本技能。这种帮助不应该耽搁到四年级、五年级或是初中进行，因为到了那时候，学习迟缓生已经遭受到了失败带来的种种屈辱。

很多学区实施了一些富有创意的方案，以集中解决阅读问题。"不分年级的基础班"就是其中之一，这一方案取消了一年级至三年级学生之间的界限。这种方案不是按年龄分类，而是根据学生的阅读技能来组合学生。阅读能力较强的一年级至三年级学生可以分在同一个班，阅读能力较弱的孩子也被集中在一起。这种方式消除了留级给学生带来的伤害，可以让学习迟缓生在同类组合中获益。

还有一种较为流行的方式叫作"分开阅读"。根据这种方式，班上阅读水平较高的一半学生每天提前半小时到校接受特别辅导；学习较慢的一半学生在放学后多待上半个小时，同样接受特别的有针对性的辅导。

还有很多类似的有效的阅读教学方案。关心孩子基本学习技能的父母可以寻求家庭教师的帮助，以作为学校教育的补充。

2. 保护学习迟缓生免受学习失败带来的伤害。 不要过分强调学习迟缓生不能达到的学习目标，只要求他做力所能及的事情。只要他尽了最大努力，就要表扬，尽管他的成绩不能与其他同学相提并论。尽管我们处于技术飞速发展的快节奏时代，学习迟缓生自我认同的权利仍然应该得到尊重。

3．请记住，成功会带来新的成功。对于一个学习迟缓生来说，最好的激励方式是让他知道自己正在取得成功。如果成年人在生活中表现出对他的信心，他就更有可能树立自信。事实上，多数人都具有这一性格特征。我们往往会按照别人"看待"自己的方式而表现。

我22岁加入美国国民警卫队的时候就体会到了这一点。当时我大学刚刚毕业，而且已经被研究生院录取。因此，我被编入延长预备役，而不是服两年现役。我很快被送上了一辆前往加利福尼亚州奥德堡的大巴，到那里去接受为期6个月的基础训练和军事管理课程。与征兵海报的宣传刚好相反，这种令人激动的新的职业机会并非个人的选择，而是我应该履行的义务。不过，在接下来的半年时间里，我还是学会了包括处理军事表格、打印与文件汇编在内的各种令人眼花缭乱的技能。有时候我简直厌烦得快发疯了。

183天之后，我带着刚刚学会的知识回到了当地国民警卫队，准备好好表现一番。出乎意外的是，人们对我的归来并没有表现出太多热情，因为我还只是一个二等兵，所有的人都知道二等兵都是些笨蛋。事实上，那里所有人的军衔都比我高——因此，他们有理由认为我是个榆木脑袋，从一等兵到上校，所有人都估计我会做出一些无知的事情。令我感到奇怪的是，他们的估计被证明是对的。

经过几个月的文秘培训后，我接受的第一项任务是双面打印一封简单的信函。在经过25分钟全神贯注的努力之后，我发现我将打印纸放倒了，背面到处是脏兮兮的反着的字体，士官显然很不高兴。类似的复杂程序，例如，记住某些规章和程序，令人难以置信地，我也做不好。现在回头看看，很显然，我的表现与我心中的自我形象是一致的。

接着，我进入了艰难的研究生课程学习，并以3.91绩点获得博士学位。博士学位的课程学习，我完成得很好，这与我在美国国民警卫队中的表现差异很大，差异缘于心中自我形象的不同。

同样，许多在学校不及格的孩子，他们的表现恰恰与别人心目中对他们的印象一致。在同龄人中的声誉对于我们的一生都有很大的影响，对占据了学生总数的四分之一的学习迟缓生来说，尤其如此，也许你的孩子就是其中之一。

在下一节中，我们将继续讨论学习障碍的第三类孩子。

三、不用功的学生

不用功的学生就是：尽管有能力学好功课，但仍然学不好的学生。这样的学生的智商可能达到120，甚至更高，但成绩单上却是"D"和"F"。近年来，由于卡通人物巴特·辛普森公开宣称自己是"不用功的学生，并以此为荣"，不用功的学生赢得了相当的市场。不过，尽管存在着这种歪曲的形象，但是与发育迟缓生和学习迟缓生相比，不用功的学生数量更多，而且我们对他们的了解也更少。

人们对于这类孩子之所以有很大的困惑，与这样一个事实有关：一个孩子要想取得优秀的学习成绩必须具备两个特定的素质，而第二项素质却往往被人忽视。首先，必须具有一定的智力。但仅有智力还不够，还需要自我约束。智力正常的孩子不一定具有自我控制的能力，对于日复一日地需要忍受的痛苦和困难而言，自我控制是必不可少的。

通常情况下，智力水平和自律能力并没有必然的联系。一个孩子常常具备其中一方面的能力，但在另一个方面却存在缺陷。偶尔，一个并不聪慧的孩子会通过努力取得超出期望值的成绩——这种现象被称作"超水平发挥"。但与此相反的情况要普遍得多，我们称之为"发挥失常"。典型的情况是，一个孩子具有很大的智力潜能，却一而再、再而三地浪费自己的潜质。

很显然，对于不用功的学生，人们教育他们的方法进一步加剧了问题的严重性。正如我们在第七章中所提到的，我们常常没有认识到学习需要付出艰苦努力。现在让我们来了解一下一名中学生日常功课的课程要求。他必须明白老师的要求，包括作业的页码和其他具体要求，必须记得把该带的课本带回家。晚上他必须关掉电视机，不接听电话，必须在足够长的时间内保持精力集中，才能正确地完成作业。第二天，他必须带上做好的作业交给老师。他必须记住所学的知识，准备迎接下一次考试。最后，他还要将这些功课重复做上两遍、三遍，甚至更多。在整个学年里，他必须重复完成这些功课。

做到这一点，靠的不仅仅是智力。实际情况是，一个孩子词汇量大，能够拼出各种填字游戏，并不意味着他能日复一日、年复一年地发奋学习。有些孩子在整个小学阶段表现都很不错，但后来就放弃了努力。事实上，据估计约有75%的学生在七年级至十年级期间的某个阶段都会经历学习下滑的过程。尽管这种现象很普遍，但无论是学校还是家庭往往都没做好应对的准备。

父母对不用功的孩子通常有三种反应：

第一种反应，认为这纯粹是由于孩子的屡教不改。因而，父母可能会在半年内不让孩子骑自行车，而让他步行上学，或者贬损孩子的人格，让他在家里抬不起头来。我认为这种不用功是可以理解的，其原因是孩子缺乏自律。如果我理解没错的话，上述对孩子的管教不大可能促进孩子埋头读书。家长已经这样做了，如果学校再对孩子横加指责，要想使孩子幡然醒悟几乎是不可能的。

对孩子不用功学习感到气愤难耐的父母可能还发现，如果孩子突然在学校受到贬损，要他鼓起学习的勇气、提升学习兴趣可谓是难上加难。对于成年人来说，抵触智力训练也许会被认为是正常的，但对于未成年的孩子而言，却有可能被认为是顽固不化、屡教不改。

第二种反应，向孩子许下需要较长时间才能兑现的诺言：两三年后换辆新的自行车，或是来年秋天带他去打猎。这种可望而不可及的甜头同样不会起作用，其原因我们已经在前面一章中分析过。眼前拿不到的东西对孩子没有太大意义。

第三种反应，父母会说："有时他得学会承担责任！我不能老是帮他，所以这是他自己的事。"

处理这种棘手问题，如果父母都不切实际，学校可能更起不了多大作用。学校的老师和学生顾问有时会对父母说："不用担心。随着年龄的增长，约翰会解决这一问题的。"这恐怕是最大的误解。通常情况下，约翰并不会随着年龄的增长而自然地解决问题——小学阶段所养成的不用功学习的习惯很可能会持续下去。而且，我注意到，大多数不用功的学生通常会终身为此所累。他们通常做什么事情都马马虎虎，没有章法。这种难以克服的品行与学好功课的要求是相去甚远的。

多年来，我接触过不止500个不用功的学生，我得出的结论是，对这个棘手问题只有两种有效的解决办法。第一种办法（当然，这也不是什么灵丹妙药）是，父母投入充分的精力和时间，了解孩子的学习情况，让孩子别无选择：必须做完作业。要想使这种办法行之有效，学校必须花时间与父母沟通学生的作业与进步情况，因为小孩子是肯定不会传递这种信息的！特别是青春期的孩子，他们会想方设法干扰学校与家长之间的沟通。

例如，在我工作过的一所中学，学生每天有20分钟机动时间。这段时间用来讨论事情、发布通知，等等，学生几乎不可能在此段时间内学习，但每天都有数以百计的父母被告知，孩子所有的家庭作业都在这段时间里完成了。这样，天真的家长们会以为，这段机动时间是孩子集中精力用功的大好时机。要想影响孩子的学习责任感，父母就必须了解孩子在学校的表现。

此外，父母应该帮助孩子提高自律能力。晚上的学习时间应该妥善安排，孩子学习时间要固定，尽可能不打扰孩子。父母必须知道老师给孩子布置了什么作业，如何检查已完成的作业。斯坦福大学"家庭·儿童·青年研究中心"所进行的研究发现，帮助不用功的学生不断提高成绩的一个方法就是父母的参与。在孩子表现好的时候，爸爸妈妈不时地给予鼓励和表扬，并进行有效的帮助，这样孩子的学习成绩就会逐步提高。

这里我必须及时声明，要做到这一点绝非易事。父母的参与热情很少能超过一到两周，因为很多父母本身就缺乏这种必需的自律能力。他们必须想方设法使自己的努力保持下去——如果父母能做到这一点，我相信孩子的学习一定会逐步提高的。

我们前面已经讨论过，对不用功的学生的激励通常会收到立竿见影的效果。如果孩子在学校不能受到奖赏与激励，那么就需要其他的激励措施。这些积极的激励措施应该建立在明确的、可能达到的目标之上。此外，对于小的进步也应该给予奖赏。不要等到孩子在期末英语考试中得了"A"才给他奖励，而是要在他准确无误地算出了每道数学题时给他点零花钱。

"这是收买！"有些读者可能会提出质疑。

"那又怎么样？"这是我的回答，只要这种办法管用就行。

随时激励其实和汽车的启动装置的作用相同。你不可能长时间使用启动装置驱动汽车，但是它能把引擎发动起来。对于那些反对这种外在激励措施的理想主义者，我想请问："除了让孩子在成长过程中自己克服这些问题，我们还有什么更好的办法？"

这里有几个具体的例子，说明如何在学校环境里运用激励手段。这一方法的最成功的案例之一发生在比利身上，他属于典型的不用功的学生，正在留级读二年级。以往的失败扼杀了他学习的动力，他在学校里无所事事。另外，比利的妹妹在他留级的当年也升入了二年级。而且，你也许不知道，她的学习很好，而比利却在学习上陷于绝望。

在与比利的母亲商谈以后，我们一致同意在家里实施一套激励措施。根据我们的协商，比利的母亲很快绘制了下面的图表：

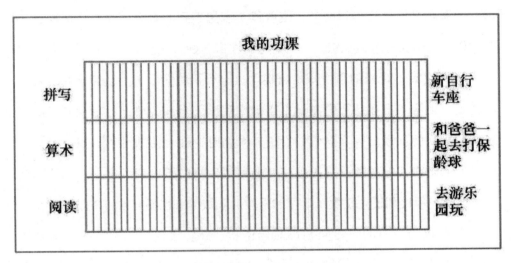

学习激励图

　　每次和爸爸或妈妈一起花5分钟时间做每周的词汇拼写作业，比利就可以用彩笔涂掉图中第一行的一个空格。当第一行的空格都涂满的时候，他可以获得一个新的自行车座。同样，每做10分钟的算术题卡，就可以涂掉第二行中的一个空格，50个空格涂满后就有机会和爸爸一块去玩一次保龄球。比利的妈妈认为阅读是他最大的难题，因此，针对阅读练习的奖励是去游乐园（在这个案例中是去迪斯尼乐园）玩一天。因为是最高的奖赏，自然需要花更长的时间才能得到（涂掉一个空格需要进行15分钟的阅读练习）。

　　由于奖励时间是错开的，比利可以很快获得一个不错的奖赏，不久之后还能再获得一个，而且最后还有一个大奖在等着他。比利很快就被这一游戏给他带来的激动所吸引。他放学后就着急着往回赶，跟妈妈一起做作业。以前妈妈没有办法让他打开课本，但现在突然之间他想整个晚上都用来"学习"。激励措施执行得很成功，也取得了意想不到的效果。第二个星期，比利的妈妈就给我打电话抱怨说，只要比利在家，她就无法完成自己的工作！

不久之后，奇怪的事情开始出现了。比利开始学习了，尽管这并不是他的初衷。他第一次在每周的测试中正确拼写出了全部的单词，享受到了由此带来的成功的喜悦。每当同学们讨论算术题时，他会使劲举手，想有机会证明自己的知识。他的阅读进步很快，老师把他从慢组里调了出来。尽管本意并非如此，但比利还是发现了学习的乐趣。失败的恶性循环被打破了。

如果以为所有的学习问题都能像比利这样轻松而成功地解决，那就错了。有些不用功的学生"顽固不化"，没有任何办法可以让他们开窍。不过，激励机制还是提供了进步的最佳可能性。这种方法已在全世界得到了采用，通常会取得显著效果。

例如，在纽约市，这一方法被用来帮助许多不会阅读的问题少年。如果直接教他们阅读，这些少年叛逆者往往会嗤之以鼻，因此得"耍点手腕"才能让他们就范。事实果然如此。研究人员告诉他们说："看，我们购进了一些也许能教会阅读的机器，但我们需要你们的帮助，以检验它们是否管用。当然我们有现金奖励：每答对一道题，我们就会当场兑现奖励。"奖励的数额足以参加暑期活动，大多数参加这一活动的青春期孩子都学会了阅读。结果，这使他们告别了游荡的生活，重新回到了教室，并为他们打开了新的学习之门。

阿拉巴马州的监狱采用了一套类似的方法，犯人如果学会新技能并完成教育课程就可以赢得金钱奖励。将来这些原则会得到更广泛的运用以解决棘手的行为问题，其中包括不用功学习的问题。

和所有年龄段的人一样，儿童和少年同样希望成为有责任感的人。他们也想体会"将事情做好"而带来的自尊和体面。在学校里，失败者通常是最为难受的，但是他们缺乏自律以克服自身的惰性。

小　结

我们在这章中讨论了有关影响孩子学习的三大障碍。当然，还有其他一些问题，我们不可能逐一详细讨论。任何让孩子感到担忧或烦恼的事情都有可能导致学习上的问题。例如，内心感到自己能力不足或是低人一等，可能会使孩子无法在学习上集中精力。如果不得不应对这类情绪问题，孩子就无暇顾及其他事情。这好像是一个成年人正在等待可怕的医疗报告结果，如癌症检验报告，同时还要努力工作或思考。这是不可能做到的。如果能理解这一点，也许就能理解情绪干扰的影响了。

父母和老师决不可低估孩子在学校所面临的威胁。无论是否说出了内心的恐惧，孩子都会时常感觉到隐藏在学校里的许多"危险"。比如，其他学生可能会嘲笑他，老师可能会讥讽或指责他，他还可能会遭到异性的排斥。虽然做出了最大努力，他得到的可能依然是失败。对于无所适从的年幼孩子而言，所有这些及其他类似的担忧会充斥他的整个世界，表现出来就是懒散。所以，解决学习问题往往需要涉及一些看似与功课无关的其他问题。

说到这里，我又想到了一个非常重要的问题。我们已经讨论过三类存在学习问题的孩子，即发育迟缓生、学习迟缓生和不用功的学生。但是，父母和老师如何才能知道一个孩子究竟存在哪个问题或是有某种智力障碍呢？针对具体问题，我们必须进行一次彻底的教育评估，而且这种评估必须由受过专门训练并取得了相应资格的人来进行。对于我们讨论的三种情况，为了发现孩子的问题，智力测试是必要的。如果不知道孩子的基本智力状况，我们又如何知道他是不用功，还是智力上有问题？如果不对他的基本能力进行评估，我们又如何把发育迟缓生与存在严重学习障碍的孩子区分开来？要进行这种鉴别，智力测试是一个特别有用的工具。

遗憾的是，智力测试在许多学区几乎完全消失了。由于这些工具（如WISC-R、Stanford Binet）被认为对少数族裔不公平，近年来它们的使用遭到了越来越多的非议，因为它就不具有"政治正确性"。以前这种信息可以在公立学校的测试中获得，但现在如果父母特别想得到这样的信息，不得不寻找那些私人营业的心理专家或咨询顾问。对于那些无力获得这种花费不菲的帮助的人而言，包括很多少数族裔在内，他们被剥夺了获得帮助的权利，而他们的孩子同样需要这种帮助。由于政治因素的影响，学校管理部门无法利用现有最好的测试手段对学生进行评估，我对此深表遗憾。

所有存在学习问题的孩子，包括少数族裔的孩子，都需要通过标准化的智力测试进行评估。否则，我们无法知道孩子遇到的困难究竟是什么、应该如何应对。我的意思是，应该恢复智商测试。

问题与回答

问： 在决定什么时候该上小学一年级这个问题上，年龄是无足轻重的因素，那为什么我们国家还普遍采用年龄作为入学标准呢？

答： 因为这一标准操作起来非常方便。孩子到了6岁，父母就要做入学准备。学校官员可以调查他们所在的地区，做到对下年度有多少一年级新生心中有数。如果一名8岁的孩子10月份迁入这个地区，管理人员就知道这个孩子应该上二年级，等等。以年龄作为入学标准对所有人都很方便——除了那些发育迟缓的孩子。

问： 是什么原因导致一个孩子成为学习迟缓生？

答： 遗传、环境和身体因素都对孩子的智力有影响，区分具体的原因是很困难的。越来越多的证据显示，一些学习迟缓以及处于留级边缘的孩子都是由于在发育早期的几年里缺乏智力刺激所致。人出生下来后的3—4年是智力发育潜能开发的关键时期，必须好好抓住。人的大脑里有一些酶组织系统，必须在这个短暂的开放时期予以激活。如果错过了这个机会，孩子可能永远也达不到他潜在的天赋水准了。

在封闭环境中成长的孩子更有可能成为学习迟缓生。他们或许无法经常听到大人说话，没有得到有趣的书籍和谜语，以充实他们的感觉器官，没有被带到动物园、机场或其他令人兴奋的场所。他们没有从大人那里得到日常的训练和指导，这种刺激的缺乏可能会抑制大脑的正常发育。

早期刺激对于动物大脑所产生的影响，已在一些有趣的动物实验中得到印证。在一个实验中，研究人员把同窝出生的小老鼠分成两个类似的小组。第一组老鼠在最初的几个月内被给予最大程度的刺激。它们被放置在照明良好的笼子里，周围是有趣的脚踏车和其他玩具。它们定期接受驯养，并允许到笼子外面活动。它们被强制进行记忆训练，如果表现良好，还能获得奖赏。第二组老鼠则过着截然相反的生活。这些老鼠蛰伏在阴暗、单调、乏味的笼子中，不接受任何形式的驯养或刺激，也不被允许到笼子外面活动。喂养两组老鼠的食物没有差别。

到了第105天时，所有的老鼠都被解剖，以检查它们的神经器官。研究人员吃惊地发现，受到高度刺激的老鼠的大脑在几个重要方面存在着差异：（1）外层灰质（大脑的思维部分）较厚，也较宽；（2）血液供应充分得多；（3）学习所必需的酶组织系统更为复杂。研究人员由此得出结论，第一组老鼠早期生命中受到的高度刺激使得大脑发育得更高级、更复杂。

将从动物研究中得出的结论直接套用于人类总是有风险的，但是对于受到高度刺激的孩子而言，他们的大脑很有可能会发生同样的变化。如果父母想让自己的孩子更加聪明，就应该从孩子的婴儿期开始，尽可能多地与他交谈。在他的小床周围布置一些有趣的、闪闪发光的玩具。从婴儿时期开始直到蹒跚学步，都要定期为孩子安排一些学习活动。

当然，父母必须懂得刺激与压力之间的差别。给一个3岁的孩子提供图书是有刺激作用的，但如果孩子因为不会读就受到嘲笑或是威胁，那就是压力。将力所不能及的期望强加于孩子就会产生伤害性的影响。

如果早期刺激正如目前的研究所显示的那么重要，缺乏早期刺激很可能是导致孩子学习迟钝甚至轻度弱智的主要原因。父母必须抽出时间，在自己的孩子身上进行投入。要给幼儿提供丰富多彩、富于启发的经历，今天这种必要性比以前任何时候都要明显。

问：我曾看到过一些资料，说可以教4岁的孩子阅读。我是否应当对自己的孩子这样做呢？

答：如果孩子特别聪明，在不会感觉到来自大人太大压力的情况下可以学会阅读，那么培养他这种技能可能是有益处的。但是，我必须申明的是，这在很大程度上取决于这个"如果"的前提条件，很多人可能体会不到这一点。在对自己的孩子实施类似的计划时，很少有父母能对孩子的失败不流露出沮丧情绪。

除此之外，对孩子学习的规划还应该根据实际的年龄阶段来进行。当孩子还没有学会过马路、系鞋带、数数到10或接电话时，我们为什么要不停地努力教他学习阅读呢？这么急于对孩子进行学龄前的阅读教育实在有点愚蠢。

最好的办法是给你的孩子提供很多有趣的图书和材料，读给他听，回答他提出的问题。接下来的就是顺其自然，这样，孩子的学习过程就会少很多障碍。

问： 是否应当要求在校学生穿他们并不喜欢的衣服？

答： 一般来说不应这样。孩子对遭到朋友的嘲笑通常十分在意，一般情况下他会竭力避免出现这种情况。对可能遭到嘲笑的恐惧会促使他努力与身边的人保持一致。尤其是十几岁的少年，他通常会觉得："如果我和他们完全一样，大伙儿就不会笑话我了。"从这个角度看，让孩子在与他人的交往中承受不必要的压力是不明智的。在家庭开支许可并保证一定品位的前提下，应当允许孩子选择自己喜欢的着装。

问： 在赢得尊重方面，学习迟缓生和弱智孩子有着与其他孩子同样的要求吗？

答： 正如我已经多次解释过的那样，有时我真的希望不是这样，但他们的要求并没有任何的不同。年轻的时候，我曾在加利福尼亚州波莫纳的南特曼州立医院接受心理咨询培训，一些很严重的弱智患者所表现出来的对爱的强烈渴望给我留下了深刻印象。有时只要我走进儿童病区的大门，40多个严重弱智的孩子就会飞快地向我跑来，大叫"爸爸！爸爸！爸爸！……"他们高举双手，簇拥在我的身边，相互推来搡去，让我几乎站立不稳。尽管南特曼州立医院的护理质量非常高，但是在医院的群体生活中，孩子对爱的强烈渴望还是无法得到很好的满足。

认识到了孩子对尊重的需求，我非常支持现在的一种教育倾向，就是将那些智商处于弱智边缘的孩子安排在普通教室里，让他们接受特别的帮助，而不是将他们与正常孩子隔离开来，放在接受特殊教育的班级里。他们有时也称呼自己"弱智"，但这样的称谓给一个10岁孩子带来的伤害丝毫不亚于带给你我的伤害。

问： **据我所知，我们所学的知识在三个月后会忘记约80%，而且随着时间的推移，遗忘率会更高。那么，我们为什么还要让孩子遭受学习的痛苦呢？既然学习的效率这么低，为什么还要进行智力训练？**

答： 你所提出的问题反映了过去进步教育理论家的观点，他们希望学校课程纯粹只是为了"生活适应"。根据你所提到的理由，他们把智力训练摆在一个次要的位置。我在前一章中提到，甚至有一些大学教授也接受了这种"无内容"的教育哲学。他们的理由是：我们今天学习的东西到明天就可能过时，既然如此，那为什么还要学？我坚决反对这种教育观。尽管我们在学校课堂里学到的东西大多会被遗忘，但至少有5个理由可以说明学习的重要性：

1. 正如前面已经讨论过的那样，教育孩子学会自律是学习过程中至关重要的组成部分。好学生应学会长时间坐在那里，服从老师的教导，完成作业，开动自己的智力机器。同样，作为一种教育手段，家庭作业相对而言并不重要，但却是管教孩子的一种有效手段。由于成年人在生活中通常需要做出自我牺牲、辛勤劳动，并且忠于职守，那么学校应该帮助孩子铸造承担这些未来责任的能力。当然，玩对于孩子来说也是很重要的，孩子不应该整天学习。家庭和学校应当在管教与娱乐之间为孩子寻求一种平衡，以保证他的健康成长。

2. 学习的重要性还在于我们所学的东西会改变我们的生活，尽管学到的知识后来被遗忘了。没有一个大学毕业生能记住他在学校学过的全部内容，但只要进入了大学，他就与没有上过大学的人大不一样。学习可以改变我们的价值观、人生态度和思维模式，这些是不会随着时间的推移而消失的。

3. 即使无法回忆起所学过的内容，但我们知道有这方面的知识，也知道到什么地方能查到。如果我们对未受过教育的人提出一个复杂的问题，他可能会给出一个肯定但于事无补的回答。但对于同样的问题，有较高学历的人可能做出更为谨慎的回答。后者会说："我想，这个问题应该从不同的角度来看……"即便不知道准确的答案，但他知道这件事情要比看起来的复杂。

4. 我们不可能把学过的东西全部忘记。那些最重要的东西会永久保存在我们的记忆里，任何时候都可以派上用场。人的大脑在一生中可以储存20亿比特的信息，教育就是往这个记忆银行里存储有用信息的过程。

5. 原有的知识和技能会使学习新知识更加容易。每一次的智力训练都会给我们提供新的信息，有助于塑造我们未来的观念和思维。

我希望有一种更轻松、更有效率的方式，以塑造人类的内心世界，而不必经历缓慢而痛苦的教育过程。但是在"学习药片"发明出来之前，我们恐怕还得依赖这种古老的方式。

问：一些教育界人士曾说，我们应该取消成绩通知单和学习评分。您认为这可行吗？

答：行不通。对于三年级及更高年级的学生来说，给学习打分是有好处的。对于学习好的孩子来说，这是一种激励和奖赏；对于没有取得好成绩的孩子来说，这是一种督促。不过，正确看待分数也很重要。分数既可以增强学习的动力，也可以打击学习的积极性。

在整个小学阶段和高中的必修课程中，孩子的学习成绩应该以他潜力发挥的程度为标准。换句话说，我认为应当根据学生的能力进行评分。像有天分的孩子一样，学习迟钝的孩子也应该能在学习上获得成功。只要他努力过、付出过，就应当得到某种方式的奖励，即便他的成绩离绝对标准还有差距。同样，聪明的孩子有时候不应该得到"A"，原因是他虽有足够的智商，但是没有用功学习。

评分的主要目的应该是奖励学习上的努力付出。对此有异议的人应该认真思考一下下面这个事例中的不同做法。乔的脑子并不聪明，他知道这一点。二年级的时候，他放弃了在学校争取成功的努力。然而，到六年级时，他遇到了一位设法鼓励他学习的老师。为了让这位老师高兴，他学习非常刻苦，尽管在阅读、写作和算术方面还有不少问题。

到学期结束时，乔仍然刻苦学习，但他的写作进步微乎其微，他只能勉强与三年级的学生相比。他的老师在乔的学习成绩单上写了些什么呢？如果按照与同年级同学一样的标准给他评分，老师应该让乔不及格。如果不及格，乔就再也不会努力学习了。

既然乔已尽了最大努力，那么他是否应该和去年每天心不在焉地坐在教室里的时候一样得到相同的分数呢？我认为不应该这样。因为他的勤奋和努力，乔应该以最明显的方式得到表扬，他的成绩单上至少应该是"C"等。老师应当私下里把更全面的情况告知乔的父母，得到他们的支持，鼓励乔继续努力。

任何其他的评分标准都会导致能力较弱的孩子心灰意冷。如果"按努力程度评分"，连那些聪明的孩子在争取优秀成绩的过程中，通常也会学得更好。

"按能力评分"的做法应该有一个例外，那就是，高中里的大学预科必须严格按照统一的标准评分。化学或微积分的"A"等是大学招生委员会认定成绩优秀的标志，高中老师必须让学生们明白这一点。不过，到那时候，乔和他的朋友们已经不必修这些困难的课程了。

我再重复一遍，在正确对待的前提下，分数可以成为老师最重要的激励工具。因此，主张学校取消评分是与学校的管教背道而驰的。

问： **我的孩子患有一种现在被称为注意力缺陷综合症（ADD）的毛病，这使他很难在学校取得好成绩。我理解他的处境，可他大多数功课的考试成绩不是"D"就是"F"，您知道，这会使他在未来人生的竞争中失去很多机会。请问，父母该如何对待一个考试总不及格的孩子？**

答： 很显然，如果可能的话，应该尽可能给孩子提供家教以及特别的辅导。但是除此以外，我还极力主张，对于被证明有学习障碍的孩子，家长不应该把学习成绩看得太重。

要求一个有注意力缺陷综合症或是阅读困难症（缺乏阅读能力）的孩子在学习上与其他同学竞争，就好比强迫一个患有小儿麻痹症的孩子去参加百米赛跑。我们可以试想一下这样的情景：当身有残疾的孩子一瘸一拐地最后一个到达终点时，他的父母却满肚子怨气地站在那里严厉地责怪孩子。

"儿子，你为什么不跑快一点？"他的母亲问，语气中带有明显的不高兴。

"我看你根本就不在乎输赢。"难堪的父亲说。

这个可怜的孩子如何才能解释清楚他的双腿不可能跟同伴们跑得一样快呢？他知道的只是其他选手都跑到了他的前面，冲向欢呼的人群。但是，有谁会指望一个残疾孩子在与健康孩子的比赛中赢得胜利？谁也不会，原因很简单，就是因为他有明显的缺陷。所有人都明白这个道理。

不幸的是，那些学习上有障碍的孩子却没有得到同样的理解。要人们理解孩子为什么学不好似乎难一些，于是可能将其归咎于孩子的懒散、捣乱或是逆反。其结果是，为了达到不可能达到的目标，孩子不得不承受巨大压力。如果对孩子提出他不可能达到的各种要求，最严重的后果之一就是：他的心理健康将被危害。

现在我来用最简要的语言重申上述观点。我相信学业优秀的价值，我希望能最大限度地发挥孩子的每一分智力潜能。我不赞成仅仅因为孩子不愿意努力学习就允许他不负责任地为所欲为。对孩子教育上的管教可以带来长久的益处，这是毫无疑问的。

话又说回来，在人的一生当中，还有一些东西比优秀的学习成绩更为重要，自尊就是其中之一。不知道名词与动词的区别，孩子同样可以生活下去，只要他有生活的勇气。然而，如果没有自信和人格尊严，那他的生活将失去希望。

我还想重申我的信念，即便不具备传统教育环境下获得成功的天赋，也不意味着孩子比同龄人低人一等。和那些学习上的超级小明星一样，他同样具有作为人的价值和尊严。根据孩子拥有（或缺乏）的能力和生理状况来评价他的价值，这是愚蠢的文化扭曲。

我相信，每个孩子都是平等的。所以，如果我的孩子无法在一种环境中取得成功，我们会为他创造另外一种环境。但愿每个充满爱心的父母都会这样做。

THE NEW
DARE TO
DISCIPLINE

第九章

道德教育与管教

NINE

DISCIPLINE
IN
MORALITY

　　我的朋友和同事格雷·鲍尔律师曾为里根政府工作过8年，他最后被任命为总统国内政策高级顾问。在白宫工作的后期，鲍尔还领导了一个具有历史意义的"家庭问题委员会"，这个委员会公布的调查结果使人对美国青少年的状况感到吃惊。

　　经过两年的调查，鲍尔所领导的委员会发现，与10年前相比，各个年龄段的美国人在接受调查时都比10年前的状况要好。无论成年人还是年幼的孩子，与以前相比，他们身体更加健康，饮食更好，接受更好的教育。政府将更多的税收花在了孩子的身上。为了满足孩子的需求，政府安排了更多计划，设置了更多机构。然而，这一结论中有一个令人吃惊的例外。

　　调查发现，与10年前相比，青少年的状况要糟糕得多。他们的许多问题不能归咎于政府、教育人员或医疗团体。相反，鲍尔和他的同事们发现，年轻人正以惊人的速度忙于自我残害。看到青少年的世界变得如此充满敌意，他们应对困难的能力是如此贫乏，真令人震惊。

　　试想一下，如果我们的前辈还在世，看到我们孩子目前的状况，他们肯定会对我们家庭里、学校中和左邻右舍之间普遍存在（并呈进一步扩大趋势）的问题感到震惊。

青少年中存在的团伙暴力以及一对一的犯罪是一种无法形容的耻辱。到处游荡的青少年的犯罪行为正以前所未有的速度上升，舞刀弄枪、抢棍举棒在他们中间已是家常便饭。今天，当子弹从自动枪中射向一度安宁的家园时，无辜的局外人和小孩被误击已不是什么新鲜事。在大城市里，一起周末暴力冲突中就会有10—15个年轻人丧命，这不足为奇。为了应对目前不断发生的团伙暴力造成的伤亡，城市繁华地段的每家医院的急救室几乎都达到了极限负荷，他们将此称为"战地抢救"。杀人案件司空见惯，因此许多案件不会出现在新闻报道当中。只有当死亡人数创新高的时候，人们似乎才能对正在发生的事情有所触动。当1970年《勇于管教》一书刚刚脱稿时，有谁能相信这样的情况会发生呢？

华盛顿特区警察局长伊萨克·福尔沃德抱怨这个城市"嗜毒成性"，同时华盛顿特区的杀人案件发生率在3年里连创纪录。他可以轻易地找到抨击对象——市政厅。就在同时，市长马里恩·巴里被指控非法持有可卡因，因而成为了美国的头条新闻人物（这真是对执法者的嘲弄）。

"美国正在养育一代迷失的孩子。"一本权威杂志在引述美国司法部有关青少年暴力犯罪的统计数字后宣称。这些统计数字显示，自1983年以来，18岁以下未成年人实施的抢劫案增加了5倍，谋杀案上升了2倍，强奸案则增加了1倍。虽然意外死亡的白人青年比黑人青年多，但是，现在15—24岁黑人男子的主要死因是谋杀。

"在大街上，平均每100个小时丧生的青少年比平均每100个小时的海湾战争地面作战死亡的人数还要多，"曾在布什政府中担任卫生和公共服务部长的路易斯·沙利文博士痛心地说，"我们到哪里才能为那些在大街上游荡的青少年找到希望和记忆的黄丝带？"

极端的暴力犯罪再也不是只在电视里出现的画面。对于许多年轻人来说，这是他们日常生活中活生生的现实。1987年，华盛顿特区一所公立学校理科优秀生班的学生接受一项调查，当问到他们中间有多少人知道周围有人被杀害时，19名学生中有14人举了手。他们是怎样被杀的？"枪杀。"一名学生回答。"刺杀。"另一名说。"枪杀""吸毒"，所有这些话都出自一群13岁的孩子之口。

马里兰大学医学院的研究人员对168名青少年进行了一项研究，他们也得出了类似的结论。当被问到是否对暴力犯罪了解时，令人吃惊的是，巴尔的摩的青少年有24%目睹过谋杀案件，72%的人知道认识的人中有人被枪杀。

无论在什么地方，只要你去了解一下青少年的世界，问题总是显而易见。当然，造成这些问题的一个根本原因是年轻人酗酒吸毒成风。盖洛普曾经的一份调查报告显示，在高中毕业之前，就有相当比例的青少年沉迷于某种迷幻药物而不能自拔。85%的人尝试过酗酒，57%的人试用过非法药物，有35%的人每个月至少醉酒1次。信奉基督教的家庭也不要沾沾自喜，就青少年吸毒而言，信教和不信教的家庭之间并没有多大差别。这些触目惊心的数字已经足以让成年人感到难受了！

确实，对于发生在我们孩子身上的这一切，我感到了一种触及灵魂深处的痛苦。很多人坐视我们孩子的苦苦挣扎，对我们如何才能让他们有所觉醒的问题漠然视之。现在该是每一个敬畏生命的成年人悔改的时候了。一直在纵容这种混乱的是**我们**！允许丧失道德的影视制作人利用我们的孩子大发其财的是**我们**。允许污秽的、宣扬暴力的节目通过有线电视、录像带、CD及垃圾网络进入家庭的是**我们**。消极地袖手旁观，任凭"有计划地生育"小组引导孩子们乱搞两性关系的是**我们**。允许侵入校园，宣扬一套与我们信奉和热爱的价值体系背道而驰的怪异思潮的是**我们**。忙于其他的事情，让那些利欲熏心的堕胎者接触我们年轻的女儿而得不到监督和检举的是**我们**。作为父母，**我们**是有罪的，因为我们放任孩子，被别有用心的人所利用。扪心自问，我们到底是怎么了？究竟要糟糕到什么程度，我们才会说"够了"！

这些个人悲剧的核心是一场道德劫难，这种劫难已经从根本上动摇了我们的家庭。我们已经忘记了初心。可是，深受其害的却是我们的孩子，而且他们还将继续为我们的放任和冷漠付出代价。

想想我们对年轻一代管教不严的种种问题，最羞耻的莫过于在他们的世界里不断蔓延的性道德的败坏了。没有什么方式能比动摇两性关系的排他性更有效地摧毁我们的家庭制度了。今天，"安全性关系"的倡导者正以可怕的速度有效地推动着他们的运动。

1991年，那个被称作"美国性资讯和教育委员会"的人道组织，召集了一支由20位教育界人士、社会工作者和健康人员组成的特别小组，应邀为儿童和青少年起草一份全面的性教育计划。他们为当地官员准备了一份预备开设性教育课程的40页的报告，名为《全面性教育指南》。这个特别小组的成员是当今年轻人性观念和性行为最重要的塑造者。

准备这个指南的特别小组有明确目标，就是提倡同性恋、按需要堕胎、未婚性行为，以及不限制年轻人接触色情物品，等等。这是怎么了，天下的父母们？难道这就是你们准备教给自己十几岁的孩子的东西吗？我相信，今天大多数父母都不会赞同。但很显然，大多数父母对此还没有给予足够的重视并站出来加以反对。

不过，有识之士对此十分关注，并要大声疾呼。我们将竭尽全力来挽救这一代孩子，他们正面临着致命的艾滋病毒带来的死亡威胁，我们再也不能袖手旁观了。

1992年，我们在《今日美国》上刊登了整版广告，说明"性安全"神话对健康的危害，并强调性传染病的蔓延会揭穿孩子们所听到的谎言。

关于性教育的几点意见

本章其余部分，我专门写给那些尊崇高尚道德、并希望向孩子灌输具有责任感的性态度的父母和老师，他们的任务并不轻松。青春期的性冲动比一生中其他任何时候都要强烈，而且我们没有任何方法保证一个独立的十几岁孩子能够控制自己的性冲动。电视将性满足的所有细节带进了家庭起居室之类的避难所，堕落和变态行为的详细描述可以轻而易举地从电影院或录像商店里得到。显然，对于孩子而言，以隔离的方式加以限制并不是解决问题的办法。

此外，还有一种危险，就是父母在采取措施避免一种错误的时候，可能会犯另外一种错误。当努力以道德戒律教导孩子的时候必须注意，不能向他们灌输与他们在未来的婚姻关系中得到性满足相左的不健康态度。要想解释清楚这个问题的确责任重大，你在说"性是美妙的"，同时还要补充上"性可能也是危险的"——这并不容易做到。

那么，清醒明智的成年人如何才能做到既能将自律的理念灌输给自己的孩子，而又不至于产生沉重的情感障碍或消极态度呢？下面讨论性教育的几个问题，对于完成这一棘手的任务至关重要。

1. 应当由谁来对孩子进行性教育？

帮助孩子树立健康的性态度和性观念是一项非常需要技巧和策略的任务。父母通常深感自己欠缺完成这一任务的准备。不过，对于那些**有能力**正确把握这一教育的父母来说，这种责任应该留在家里完成。现在有一种越来越明显的趋势，就是各个方面的教育都被从父母手里夺走（或者是父母故意放弃的）。这是一种错误。

尤其在性教育的问题上，最好的方法就是按照公开、坦率和诚实的原则，从孩子的童年时代开始教育，并年复一年地持续下去。只有父母才能提供这种终身教育。

孩子对于性知识和性指导的需求，很难在他进入青春期后从口干舌燥、大汗淋漓的父母的一次性的内容繁多的谈话中得到满足。在家庭之外进行一次专门的集中性教育也不是最佳选择。理想的做法是循序渐进的启蒙，从孩子的三四岁开始，在性成熟之前达到高峰。

尽管由父母来承担性教育的责任是最好不过的，但我们必须承认，在许多家庭（也许是绝大多数家庭）中，这一想法并不现实。父母往往羞于当面与孩子谈论性话题，即便能谈，往往也难以做到客观全面，或者他们可能缺乏这方面的专门知识。对这些家庭而言，由于他们无法或不愿意给孩子讲解人类生殖方面的详细知识，因而必须从家庭之外寻求帮助。

一些在教会学校上学的孩子的父母，有条件得到他们在性教育方面需要的帮助。然而，即便在这些地方，性教育也往往被忽视，或是没有得到认真对待。很显然，现在已形成了一个关于性问题的信息真空，而这为公立学校开设具有深远影响的性教育课程提供了条件。有些地方，这种课程从幼儿园就开始了。

目前公立学校进行的性教育存在的问题之一是，这种教育消解了男女生之间与生俱来的差异，从而导致男女之间失去神秘感，并使得随意进行性尝试的现象更易发生。在男女生同校的环境里，清楚地讲授解剖学、生理学和安全套使用的细节会使孩子们——特别是女生——失去起码的羞涩。然后，在接下来的周末的晚上，如果孩子们有约会，去看一场有亲密接触镜头的电影，或是看一个有青少年床上镜头的煽情电视节目，那么只要稍不留神，就有可能跨越雷池。在美国北部，这种男女生之间不复存在的神秘感还使可怕的"约会强奸"现象频频发生。可以说，今天的性教育方式比根本没有性教育还要糟糕。如果谁还有什么疑问，那就请看一看自从性教育开展以来青少年未婚先孕和堕胎的比例吧！

那些在公立学校上学的孩子的父母，非常有必要去调查一下某些人以性教育的名义都教给孩子一些什么东西。你们**有权利**去检查他们的授课材料和课本。你可以而且必须跟老师和校长讨论一下希望他们教些什么内容，你必须仔细查看其中是否隐含着上述美国性教育委员会"指南"里的内容，如支持同性恋、性安全的歪曲宣传、婚前性行为是孩子"权利"的观点，以及怂恿孩子与父母作对的建议等。你还应当弄清楚他们是否对堕胎持赞成态度，以及是否把"计划生育"小组或类似的组织请进教室。

如果学校的性教育课程中含有上述内容，我强烈建议你最好不要让孩子去参加这些项目。我们千方百计将一种价值观教给了孩子，现在又将那些所谓的权威和领导者邀请到孩子的课堂，让他们作为老师来嘲弄和动摇我们的价值观，还有什么比这更可笑的吗？我肯定不会让我的孩子参加这类课程。或许我还会发起一场运动，号召重新选举学校的董事会。我甚至可能会争取加入学校的董事会。

2. 为什么节欲课程面临如此大的阻力？

一些教育者真诚地认为"孩子总归是孩子"，所以我们应该教他们如何正确地对待这种游戏。虽然并不赞同他们的观点，但我还是尊重他们出自真诚的不同观点。

里根当政时期，我曾在奥蒂斯·鲍温部长的"预防青少年怀孕小组"里工作过。我之所以接受这一职位，是因为我以为我们的目的是预防青少年未婚先孕。但是，就在华盛顿特区的第一次会议上，我发现18名小组成员中有15人另有想法。他们都是"性安全"的权威，企图用数百万美元的联邦预算资金向我们国家的孩子推销安全套和不道德观念。我无法形容他们对这一目标的热衷程度。也就是在那个时候，我开始对倡导成立这一团体的动机有了更深的了解——他们的动机是利用青少年不负责任的性态度牟利。

我与盖雷·鲍尔合著了一本名为《危险中的孩子》的书，在书中我是这样描述的：

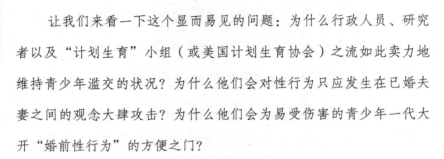

　　让我们来看一下这个显而易见的问题：为什么行政人员、研究者以及"计划生育"小组（或美国计划生育协会）之流如此卖力地维持青少年滥交的状况？为什么他们会对性行为只应发生在已婚夫妻之间的观念大肆攻击？为什么他们会为易受伤害的青少年一代大开"婚前性行为"的方便之门？

　　他们的动机并不难理解。为了处理青少年不负责任的性行为带来的后果，每年都有数百万计的美元进入某些人的腰包。孩子们的无知行为支撑着一个完整的产业，使某些成年人从中获益。据估算，仅堕胎一项每年就可带来6亿美元的效益。你难道真的会相信，那些靠杀害未出生胎儿谋生的医生、护士、医药供应商和官员们会希望孩子们在结婚之前节欲吗？

　　那些安全套制造商，以及杀精药、避孕丸、宫内节育器和避孕膜的生产商们又如何呢？难道他们希望自己的生意被青少年中兴起的道德大潮毁掉吗？对此我表示怀疑。此外，还有那些抗生素及防治性病的药品生产商们，其经济利益也与持续的青少年滥交息息相关。

　　然而，在从青少年不负责任的性行为中谋利的人中，最可恶的要算嘴上宣称正在努力与之斗争的那些人！假如"计划生育"小组及其他类似组织真的能完全成功地解决青少年的未婚先孕问题，那他们就得退出历史舞台。为了执行使命，他们现在每年可以从联邦政府得到大约1.06亿美元的补贴，此外还有来自私人渠道的大约2亿美元的捐赠。难道你真的相信他们想杀掉这只下金蛋的鸡吗？

这就是那些向孩子们提供性咨询服务的专业人士一听到"节欲"这个字情绪就激动的原因！倘若这一主张真的为人们所接受，还会有谁需要"计划生育"小组及其服务呢？这事关乎他们的生存大计。

为了充分认识"计划生育"小组及类似组织带来的危害，我们很有必要探究一下他们的思想和意图。他们的性教育方案是什么？他们的领导者想得到什么？如果听任他们随心所欲，他们还会做些什么？

在我看来，他们的议程可以归纳为以下"四个计划"：

1. 为青少年提供"不受价值观约束"的性指导，鼓吹禁止人们在道德或性责任的表达上有任何偏好。

2. 为青少年提供避孕帮助，数量不限。设在初中和高中校园里的诊所可以随意派发安全套。这种做法向孩子们传达了一种强烈的信息，即成年人对婚前性行为是认可的。

3. 采取一切手段阻止父母参与性教育。这样，"计划生育"小组的成员们就可以担当起父母的角色，向孩子们灌输性放纵的思想。

4. 为怀孕少女提供无限的自由堕胎援助，当然，同样不需要父母的参与或许可。

令人难以置信的是，美国和加拿大的民众似乎对这种无耻之极的计划还很"买账"，这要是在过去，肯定会激起父母们的强烈抗议。试想一下，当你还是十几岁的孩子时，如果学校的官员偷偷地发给你避孕药，或是悄悄地安排你去堕胎，你的父亲和祖父会有什么样的反应？整个社会都会被激怒，有的人很可能会被枪毙！然而，今天的父母们却一直在容忍这种侵害，甚至没有丝毫的抗议表示。为什么？这到底是怎么啦？我们那种保护自己家园的精神，那种紧紧团结起来抵御外来侵犯的不屈的独立性到哪里去了？我希望能找到答案。

3. 何时该与孩子谈论性话题？

现在，请允许我为那些希望对自己的孩子进行性教育，并一直在寻找有效方法的父母们提供一些建议。我向他们表示敬意，即使在今天这样开放的时代，性话题还是会让人感到难为情。几乎没有什么会比回答孩子所有寻根刨底的问题更让爸爸妈妈感到为难的了，尤其是那些涉及隐私的难于启齿的问题。

很显然，戴维的妈妈就存在这种焦虑。戴维今年9岁，他家刚刚迁到了一个新的学区。第一天下午放学回家，戴维就直截了当地问妈妈："妈妈，性是什么？"

这个问题让妈妈猝不及防。她原以为要在两三年之后才会面对这个问题，所以现在她完全没有做好准备。转念之间，她明白了，戴维的新学校肯定开设了自由开放的性教育课程，因此她别无选择，只能详细解答。于是，她忐忑不安地和充满好奇的孩子一起坐下来，用了45分钟的时间海阔天空地向他讲述了鸟类、蜜蜂以及椰子树等是如何繁衍生息的。

她讲完后，孩子举起他的入学登记卡说：“咦，妈妈，那么多的知识，我怎么才能将它们填进这张入学登记卡小小的格子里呢？”

正如戴维的妈妈所发现的那样，什么时候该给年轻的一代讲性知识是一门艺术，并不是人人都能掌握得恰如其分。

一些父母及许多过于热心的教育人士最常犯的一个错误就是过多过早地给孩子讲性知识。例如，一个家长写信给我，说当地的幼儿园竟然让孩子们看关于动物交配的电影。这是不明智的，也是危险的！有证据表明，在性教育方面步子迈得过早会带来很多危害。向孩子们揭示他们还没有为之做好准备的现实，会使他们的情感受到剧烈的震荡。

还有，如果给青少年安排的性教育时间表导致他们过早地全面接触复杂的生活，也是不明智的。假如让8岁的孩子提前了解成年人的性行为，那么让他再等上10—12年，到结婚之后才亲身体验，恐怕是不大可能的。

过早的性教育导致的另一个危害是可能带来过度的性刺激。年幼的孩子有可能会被他所了解到的成年人性经历的激情所诱惑而想入非非。儿童时代的教育应当集中关注其对孩子是否有益，而不是成年人的情趣和欲望。我的意思并不是说性教育应当推迟到孩子过了童年期之后再进行。恰当的做法应该是，孩子对性的了解程度应与他的交往和身体两方面的需求同步。

孩子对于性知识的需求为性教育的准备提供了最好的指南。孩子的言谈可以反映出他正在想些什么，希望知道些什么。这些问题也自然可以为性教育提供帮助。对于父母而言，在孩子充满好奇的时候回答这些问题，要远比不加理会或是回避、希望以后再有机会去解释好得多。那些预先计划安排的培训通常会变成冗长、单方面的说教，这会让双方都难受。

虽然一问一答式的性教育方式通常更可取，但对于那些从来不主动询问的孩子而言，这种方式显然不够。有的孩子对性繁殖非常感兴趣，但也有的孩子对此从来不会多想。不过，即便孩子对性话题并不感兴趣，也不会主动提问，父母也不应放弃性教育的责任。

我的两个孩子在这一问题上的表现刚好相反。丹妮7岁的时候，一天晚上，她问了所有该问和不该问的问题。这让她的妈妈感到很吃惊。她妈妈本来以为还要再等几年才会谈论这个问题。雪莉设法拖延时间，然后走到我的桌边跟我商量。我们马上让丹妮坐下来，进行了一次长谈。雪莉做了一些新鲜美味的巧克力，我们和丹妮谈了大约一个小时。一切进行得非常顺利。

瑞安则恰恰相反，他从来不问任何性问题。我们在比较方便、恰当的场合主动给他讲了一些细枝末节的东西，但具体的情况就难以表达了。最后，我只好带儿子去钓鱼，只有我们两个人。当我们坐在岸边等鱼咬钩时，我说："瑞安，我突然想起来了，我们好像从来没有好好谈过关于性的问题……比如，婴儿是怎样出生的，等等。也许我们现在可以来讨论这个问题。"

瑞安若有所思地在那里坐了好一会儿，一言不发。我也不知道他在想些什么。然后他说："如果我不想知道呢？"

虽然我费尽周折才把我的孩子带入生殖和性的世界，但不管怎么说，我毕竟做到了。这是做父母的一份责任，尽管并不轻松，但这个任务必须完成。如果你不接受这个任务，会有其他人来填补这个空白……但那些人可能不会和你有同样的价值观。

关于在家庭中进行性教育的时间，最后还有一点重要的建议。父母应该准备在孩子进入青春期（青年期早期的性迅速发育阶段）前后完成正规的性教育计划。女孩的青春期通常从10—13岁开始，男孩则通常从11—14岁开始。一旦进入这个成长期，孩子通常都会对与父母讨论性问题感到难堪。这一时期，孩子通常会对大人的说教产生逆反情绪……除非他们主动提起这个话题。换句话说，性话题应该是孩子邀请父母进入他们生活的一个领域。

我认为我们应当尊重他们的意愿。我们有10—12年的时间可以让孩子正确理解人类的性问题。在打下基础之后，我们的主要任务是提供资源，孩子在需要的时候可以向我们寻求帮助。

当然，这并不是说，有机会的时候父母却放弃为孩子提供有关性、约会和婚姻等方面的指导。再重复一遍，对青春期孩子的感受保持警觉是至关重要的。只要他（她）想谈这个问题，我们无论如何都应当表示欢迎。在其他情况下，父母以间接的方式提供指导可能会收到最好的效果；如果父母无法提供指导，得到可信赖的俱乐部（如"校园生活"或"青年生活"）的青年工作者的帮助也常常可以解决难题。

4．来自母亲的帮助

我以前建议利用动物，尤其是猫和狗，来向孩子解释生育过程。但是，自1970年以来，我的观点有了改变，我现在仍然认为让孩子了解生育过程是很明智的，也很有帮助，但是现在我更加熟知的，也是更为关注的，是宠物的泛滥，以及那些无家可归的可怜动物的命运。仅在洛杉矶的一个县，每年就有超过10万只狗在待领场和动物保护协会里被杀死。其他无家可归的动物不是在忍饥挨饿，就是被轧死在大街或高速公路上。对它们的痛苦我们负有不可推卸的责任！

我们家最近养的两只狗都是从走失动物领养处收养的，后来它们都变成了非常可爱的宠物。我家现在的狗小米奇，当我们在走失动物待领场看到它时它已经奄奄一息。但是，作为终身的养狗爱好者，我不得不告诉你，挑选的过程对我们来说是一次痛苦的经历。在那些塑料笼子里面，数以百计的可怜的狗和猫等待人来领养。在被主人遗弃或丢失后，这些宠物都身处深受伤害的环境里。

当我们沿着过道走动时，那些狗叫着，把爪子伸出笼外，希望引起我们的注意。丹妮把手伸进笼子，抚摸着一只孤零零的小狗，那只狗立即在她的手里使劲摩挲，闭上眼睛。我相信它肯定活不过那个星期。我永远也忘不了那只声音嘶哑的大棕狗。我们到达领养场时，它两眼紧盯着大门口。它一直有意地盯着我们，但却装出没有看见我们的样子。甚至当我们站到它的笼子前时，它的眼睛始终没有离开过大门。它不时发出声音嘶哑的叫声，似乎想知道什么。丹妮后来看了笼子上面的身份卡片。这种卡片说明了笼子里狗的背景。这条狗是被它的主人带到这里来的，现在它热切地盼望着主人能够回来。很显然，我们并不是它想要见的人。

或许你能理解我和丹妮为什么要寻找那些最需要得到帮助的动物了。那些招人喜爱而又身体健康的小猫小狗至少还有被人收养的机会，我们希望能给一只肯定没有人愿意要的狗提供一个家。一个礼拜六的下午，丹妮终于给我打来电话说，她已找到了一个合适的候选者。

　　我驱车赶到动物领养场，并很快同意了她的选择。我看到在笼子里蜷缩着一只12周大的小狗，样子甚为可怜。它是几天前从大街上捡来的，差点饿死。它的下颚骨折了，可能是被人使劲踢的，嘴上还被缝了3针。我们后来得知，它患有肺炎，肚子里长有绦虫和蛔虫，谁知道它是否还有其他毛病。我们靠近笼子时，它努力摇晃着，但是没能站起来。

　　我叫服务员把它放出来，服务员把它递给我。小狗立即向我做出友好的表示，用鼻子在我的手里蹭来蹭去，并抬头望着我，似乎在说："我真的是走投无路了，不是吗？"我们被打动了。

　　我们走到一边商量此事，可是怎么也无法忘记这个无助的小生命对我们温驯的表示。于是，丹妮返回去，收养了这只狗。

　　我很希望你们能看到今天的米奇。它长得很胖，很健康，过得很快乐。我晚上回到家时，它会像一头狂奔的野牛那样连蹦带跳地窜到大门口。它似乎知道是我们把它从死亡的边缘挽救回来的。而且令人吃惊的是，除了嘴巴有点歪，它长得特别像我们以前的那条狗。这样，我和雪莉在家就再也不会感到寂寞了。

　　对不起，我跑题了，但这确实与我前面的建议有关，就是用动物来给孩子讲解人类繁殖和生育的神奇过程。但是，现在我要建议父母们把宠物阉割掉，以避免过度繁殖所带来的问题。如果你想养小猫和小狗，那你就得在它们出生前为它们找到舒适的家。

　　如果你想照顾一只待在笼子里正等着你收养的可怜小动物，可以直接到当地的动物领养场去。相信你和你的孩子都不会忘记领养场的经历的。

小 结

在本书的开头几章，我们讨论了孩子尊重父母的重要性。孩子对父母监护的态度对于他能否接受父母的价值观和思想理念，包括父母对婚前性行为的看法，非常关键。同样，道德方面最基本的理念也可以通过孩子在幼年时期与父母所建立的健康关系而确立。很显然，我们希望青春期的孩子能够充分地尊重并欣赏自己的父母，这样他们就会相信父母的教导，接受父母所提出的建议。

还有一个建议与此有关联。很多年前，在我女儿过10岁生日的时候，我和雪莉送给她一把小小的金钥匙。这把金钥匙拴在她脖子上的链子上，表示这把钥匙能够开启她的心灵。多年来，她一直遵守自己的誓言，只把这把钥匙奉献给一个男人——一个可以托付终身的共享爱情的男人。或许你也可以考虑送给你的女儿一个类似的礼物，送给你儿子一枚特殊的戒指。你不在他们身边的时候，这种礼物会伴随他们，成为一种有形的提醒。

 **问题与回答**

问：您对性病的评论让我感到不安。我有3个处于青春期的孩子，我想他们并不知道性病是如何传播的，也不知道这对他们的健康会带来什么危害。这

真让人感到有点害怕。

答: 和你一样，我也在想应该如何唤醒我们的年轻人。我曾经和在1980年代中期担任美国卫生部长的埃维雷特·库珀博士讨论过此事。当时他说："艾滋病的传播不久将改变每个人的行为。当我们身边被感染的年轻人开始死亡的时候，人们甚至会害怕与人接吻。"

尽管就像库珀博士所预料的那样，年轻人真的已经开始死亡。然而，到本书修订时，如库珀博士所预料的情况并没有发生。下面是记者吉姆·佩恩特撰写的文章，发表于1992年4月13日的《今日美国》。

艾滋病在青少年中迅速蔓延

在过去的两年中，青少年中的艾滋病病例增加了77%。

年龄在13—24岁之间的病例为9000人，这只是冰山一角：根据参议院儿童与家庭委员会提供的一份报告，还有数以千计的人可能已感染了艾滋病病毒；有数以百万计的人处于感染的危险期。

这份报告说，联邦政府防治艾滋病的努力远远不够。报告引用证据证明，青少年正因为泛滥的性行为和吸毒而面临感染艾滋病的危险：

· 68%的女孩和86%的男孩在20岁之前有过性经历；其中使用安全套的人数不到一半。

· 每年有300万个青少年染上通过性接触传染的疾病。

· 十二年级的高中生有近3%的人使用过类固醇，1.3%的人吸食过海洛因。共用注射器很容易传播艾滋病。

　　那么孩子们为什么没有像库珀博士所预料的那样"害怕与人接吻"呢？这是因为在"性安全"的谎言之下，青少年不再对致命的HIV病毒抱有本能的恐惧感。我们似乎已经找到一种办法，可以做到鱼与熊掌兼得。这真是破天荒的事！

　　值得庆幸的是，还是有一些医生在敲响警钟，努力让孩子们了解事情的真相。尽管他们还没有得到传媒的关注，但总有一天他们会得到理解和支持的。我的好朋友乔·麦克伊尔哈尼博士，就是这些心忧天下的医生中的大声疾呼者之一。他在得克萨斯州的奥斯汀开设了一家私人妇产诊所。他的著作《性与性传染病》值得每位父母和孩子读一读。他曾这样评论"性安全"的谬论：

　　"你通过各种媒体听到最多的是科学界将如何解决性病患者的问题，科学家将如何发明出防治艾滋病的疫苗或治疗方法，抗生素是如何杀死淋病和衣原体病毒的。但他们不会讨论这些性病给妇女的骨盆组织所造成的终生伤害，这些妇女会因此而不能生育，或是为以后怀孕而付出的昂贵治疗费。"

　　他继续说："我可以说出一个又一个在我22年的行医生涯中遇到的患者的名字。她们由于感染了淋病和衣原体病毒而导致盆腔炎。在她们怀孕生产之前，我不得不为她们做子宫切除手术。"

　　"那些关于'性安全'的公开宣传令我非常愤怒，因为他们说只要使用避孕套，你就可以安全地进行婚外性行为，不必担心染上性传染病。这是在撒谎。安全套的失败率非常非常高，这也是已婚夫妇不使用安全套的原因。"

他接着说："每天我都能在办公室里见到这种避孕失败的受害者。她们有的是衣原体病毒患者，这也许是最常见的性病。还有的人是乳头状病毒患者，这种病会引起妇女生殖器官出现持续的功能紊乱。此外还有外阴癌、阴道癌和子宫癌患者。这最后几种病是最难治愈的，每年导致4800名妇女死亡。我还见过疱疹患者。一些研究表明，滥交的单身人群中疱疹患者的比例高达30%—40%。此外，还有梅毒患者，梅毒患者的比例已达到40年来的最高峰。"

麦克伊尔哈尼博士并不指望科学能解决我们的问题，相反，他认为更好的解决办法是回归到千百年来我们一直遵循的精神和道德准则。

麦克伊尔哈尼博士最后说："汽车制造商知道如何让汽车处于最佳状态，以及怎样做才能避免汽车故障。在我的福特汽车使用手册中，这一切都说得明明白白。同样的道理，结婚后要永远维持固定的婚姻关系。这就是性安全的有效良方。"

问: 我年轻的女儿最近告诉我她已经怀孕两个月了。我应该如何对待她？

答: 这个时候无论你暴跳如雷，还是对她放任不管，都于事无补。此时，你的女儿比以往任何时候都需要理解，因此你应该尽可能地理解她。你应该帮助她渡过难关，避免说出"我早跟你说过"之类的话。今后的几个月里，她将面临许多重大的选择，她需要冷静、理智的父母来帮助她选择最佳的人生道路。请记住，曾经患难与共的人才能产生永恒的爱与情。

问：孩子在什么时候开始产生性本能？性本能是在青春期突然出现的吗？

答： 并非如此。性本能在青春期很久之前就出现了。或许弗洛伊德提出的最重要的见解就是小孩并非没有性本能。他说，人类的性满足在摇篮里就已经开始了，最初与哺乳有关。虽然让人产生快感的荷尔蒙只有在青春期早期之后才会充分发挥作用，但儿童期的行为受性好奇和性兴趣的影响相当大。因此，4岁孩子对裸体感兴趣，或是男孩、女孩对异性的性器官感兴趣，这都不是什么新鲜事。

　　这是形成性观念至关重要的时期。父母应当注意，不要对此类的好奇心表现出震惊和极端反感。诸多案例表明，许多性问题就是由于在童年时期没有对孩子进行正确的引导造成的。

问：很多大学允许男生和女生共住一栋宿舍楼，而且常常是男女生的房间紧挨着，还有一些大学则对男女生的互访时间不加限制。您认为这有利于形成健康的性态度吗？

答： 这必然会导致更多的性接触，有些人认为这样做是有好处的。男女混住的倡导者试图让我们相信，即便年轻的男生和女生同住在一栋楼，也能够安分守己。这纯粹是一派胡言！性冲动是人类本性中最强大的力量之一，典型的美国大学生就因为对此抑制不力而臭名远扬。我倒希望那些男女混居的支持者主动承认，在他们看来，道德无关紧要。允许男女共用大学宿舍（甚至浴室），恐怕很难产生好的结果。

问： 您在几个地方都提到，没有比以家庭为单位的力量更能带来社会稳定了。更确切地说，您认为性行为与民族的存亡有着直接的关系，请您详细解释一下。

答： 关于这个问题足足可以写一本书，但请允许我给出一个简要的回答。你提到的这种联系最早是由安文（J. D. Unwin）博士提出的。安文博士是英国的一位社会人类学家，曾花了7年时间研究了80种文明的兴衰存亡。经过大量的调查研究，他得出结论，人类历史上每个已知的文化都遵循着一个相同的性模式：在文化的早期，婚前和婚外性行为被严格禁止。巨大的创造力就与这种对性宣泄的抑制有关，从而导致文化的繁荣。在人类社会生活后期，人们开始追求性自由以释放内心激情。随着越来越多的人变得更加衰弱，社会的活力开始减退，最终导致文明的衰败甚至灭亡。

安文博士指出，将社会凝聚起来的力量是自然的性关系。当一个男人只忠实于一个女人和一个家庭时，他就会产生动力，千方百计为了妻子和家庭的利益而四处奔波、努力节俭、尽力保护、精打细算，促进家庭的兴旺发达。但是，他的性兴趣一旦分散和滥施，他就会把精力投入性欲的满足之中。安文博士得出的结论如下："任何人类社会要么是展现了巨大的活力，要么就是享有性自由；事实证明，任何社会同时享有两种自由的时间不会超过一代人。"

我相信，美国在世界上经济地位的下降，以及美国家庭与孩子们正面临的困难，都可以从我们对传统价值观和道德观念的背离中找到原因。

问： 您谈到了对动物的友善。这让我想起要向您请教关于我7岁儿子的问题，他对动物很残忍。我们已发现了好几次，他对邻居家的猫和狗做出一些十分残忍的举动。当然，我们对他进行了惩罚，但是我想知道，这其中是否还有其他更值得忧虑的问题？

答： 我认为对动物的残暴是一种很严重的病态，需要请专业人士做出评估。在通常情况下，有这种行为的孩子并不会过一段时间后而自动矫正。这种行为应该被视作一种心理障碍的危险信号。这种心理障碍很可能会长期困扰他。这也可能与童年时期的性虐待有关。我不是夸大其词，也不是危言耸听，但是沉湎于暴力犯罪的成年人通常在童年时期存在对动物的残暴行为，这一点在"美国人道协会"最近的一项研究中得到了证实。我建议你带儿子去看一下心理医生或是行为学专家，以便对他的心理健康状况做出评估。无论怎样，我们都不能容忍对动物的残暴行为。

THE NEW
DARE TO
DISCIPLINE

第十章

致天下母亲

TEN

A MOMENT
FOR
MOM

我们在前面的章节里已经讨论论过，无论什么时候，教育孩子长大成人都是一份沉重的责任。孩子对他们的监护人提出的要求非常之高，就像我的同事一天早晨在与他3岁的女儿道别时所发现的那样。

"现在我得上班去了。"他说。

"那好吧，爸爸，我会原谅你的。"女儿眼泪汪汪地回答。虽然这次她可以原谅父亲对她的不在乎，但只此一次，她不希望他以后还会这样。正如这个小女孩所表现出来的那样，孩子对自己的父母具有强烈的依赖感，父母必须时时想着满足他们的要求。

与父母相比，有些孩子对于与父母之间的权力斗争似乎更有意识。在《勇于管教》首版后，这一事实已经得到了无数次的证实。连那些不识字的孩子都知道这本绿皮的书里有帮助父母控制他们的内容。一个小家伙走到书架前，从好几百本书中抽出这本书，然后把它扔进了火堆。还有一些孩子的感受表现得更加明显。

一个生性要强的3岁小女孩的母亲，给我讲了一件让我感到好笑的事情。小女孩名叫劳拉，已经成功地让全家人都围着她团团转。她失去了控制，但她好像很喜欢这样。她的父母在试图捅这个小马蜂窝时大伤脑筋，后来母亲有一次在书店里偶然发现了《勇于管教》。于是她买了一本，并很快明白了，至少在作者看来，有时候让孩子的屁股挨揍还是有必要的。结果，当劳拉又一次玩她那套不听话的把戏时，小小的无理取闹换来了让她意想不到的惩罚。

劳拉非常聪明，她想到了妈妈为什么会变成这样。不知你是否相信，反正第二天早上她妈妈发现《勇于管教》这本书正漂在马桶里。

这也许是对于我的作品最为生动的评论。我听说本杰明·斯波克博士受到千百万按照他的理念培养起来的孩子的喜爱。我可能会遭到整整一代人的非难，但是我确信，那些在爱与管教联手构筑起来的和谐环境里长大的年轻夫妇，现在正以同样的方式养育着自己的孩子。像他们的孩提时代一样，今天的孩子同样也应受到正确的引导，以及基本准则的约束。总有一些东西是永远不会改变的。

然而，即便头脑里已经形成了清晰的培养计划，但要把孩子培养成人仍然是人一生中面对的最大挑战之一。尤其对于母亲而言，教育儿女的艰巨性和复杂性让她们心力交瘁，这是可以理解的。在许多家庭中，母亲是孩子健康、教育、智力、品行、性格和内心安宁的首要保护者。正因为如此，母亲必须同时承担起医生、护士、心理学家、老师、牧师、厨师以及警察的角色。在大多数情况下，由于母亲每天与孩子待在一起的时间比父亲要多，因此，她便成为了孩子主要的管教者和孩子安全感及爱心的主要给予者。

但现实的情况往往是，她和丈夫都不知道她教育儿女的方式是否恰当，而等到她意识到需要作出改变时已经太晚了。况且，妈妈所要做的事情还远远不止针对孩子，她还必须对丈夫、信仰、亲戚、朋友——通常情况下还有老板——尽到自己的责任。这些责任的每个方面都需要她付出最大的努力。一个有责任心的母亲常常会发现自己整天都在为身边的人、身边的事忙碌。

只要这些责任得到相对的控制，多数健康人还是能够承受这种压力的。如果能把焦虑和挫折降到最低程度，勤奋艰苦所换来的工作效果会在每个孩子身上得到体现。然而，当某个重要方面出现可能带来危害的问题时，就需要很大程度上的自我控制了。

比如说，如果孩子病得很厉害，婚姻出现问题，或是妈妈受到邻里无端的责难，那么，操持其他日常家务就会困难得多。当然，每一位母亲在一生中都会有这样的时候：她看着镜子中的自己自言自语："我怎么才能熬过这一天？"本书剩下的部分提供了一些简单的建议，旨在帮助母亲们回答这个令人头疼的问题。

1．为自己留出一点时间

对于母亲而言，将自己也放在优先考虑的位置很重要。至少，她应当每周打一次网球，玩玩保龄球或逛逛商店，在健身房里喘口气，或者就让自己在某个下午不做任何事情。对任何人来说，一直不停地工作都是一种不健康的生活方式，而偶尔的放松会让她的整个家庭从中受益。

更为重要的是要保证婚姻的完整，并为婚姻保持一份浪漫。1—2周丈夫和妻子应当有一次约会，把孩子留在家中，忘掉白天的烦恼，度过一个轻松的晚上。如果家庭的经济状况不允许这样做，我建议检查一下其他方面的开销。我相信，把钱花在两人共度美好时光上会比添置一件新家具或换一辆新汽车更有好处。如果一个女人知道她不仅仅是丈夫的妻子，还是丈夫"心中的宝贝"，那么她对生活的感受就会美妙得多。

2．不要与你无法改变的事情较劲

心理健康的首要原则就是：学会接受无法避免的事实，因为对此任何努力都是徒劳的。太多的人因为一些不值一提的琐碎小事而耿耿于怀、闷闷不乐。在这种情况下，生活环境中出现的任何细微变化都有可能影响他们对生活的满足感。就每个女人而言，她不可能事事都如意：健康的身体、忠诚的丈夫、快乐的孩子、充足的食物、温暖的家庭和宽敞的住所，以及个人的奋斗目标。她可能会因为不喜欢自己的婆婆而苦恼，这么一个消极因素就有可能为她所有的好运蒙上一层阴影。

生活中会遇到许多危机，只要我们保持健康的心态，这些危机并不会加剧我们的烦恼，但一些微不足道的小事反而会打破我们内心的宁静。我不知道现在有多少女性因为不能拥有某件东西而心存不满，而这件东西不是还没有发明出来，就是在50年前已经过时。应该明白，对生活的不满只会养成一种不良的习惯。这种人生态度会让我们付出代价，使生活失去快乐。

3．不要在深夜处理重大事情

疲劳会使人产生荒唐的想法。一天的劳累之后，最简单的问题也可能显得不可逾越。所有的问题到了晚上似乎都变得更加难以解决，此时做出的决定可能是情感战胜理智的结果。如果在凌晨两三点讨论经济或其他家庭问题，那么这对夫妇就是在自找麻烦。这时他们对挫折的承受力处于低水平，常常会导致本不该发生的战争。只要把重要的话题推迟到第二天早晨，紧张和敌对的情绪就有可能避免。一个晚上的充足睡眠，再加上一杯浓郁的咖啡，足以让我们朝问题的解决迈进一大步。

4. 列份清单

当工作极为繁重时，将所要做的事情列一个清单，这可能会让你轻松一些。把所要完成的事情写下来有三个好处：（1）你知道不会忘记任何需要做的事；（2）可以让你先完成最重要的任务。这样，即便一天结束时有些事情还没做完，至少你已经完成了最重要的事情；（3）事情做完后从清单上划掉时，为自己留下了一份工作记录。

最后，请允许我留给大家一首艾丽斯·皮尔森(Alice Pearson)所作的精彩诗歌：

孩子们都回家了吗？

每天我都会想起

山上那座古老的居所

宽敞的庭院里

繁花盛开

孩子们在那里尽情地嬉戏

每当天穹终于拉下帷幕

快乐的喧嚣开始沉寂

母亲就会四下查看，问

"孩子们都回家了吗？"

哦，好多好多年过去了

山上那座古老的居所

不再响起孩子们的脚步声

庭院里没有一丝生息

这般的沉寂

但随着夜幕降临

我又看到了往日的一切

虽然许多年已经过去

但我还能听见母亲在问

"孩子们都回家了吗？"

我不知道

光阴苦短

当夜幕降临在我们尘世中的最后一天

当我们告别外面的世界

大家都已厌倦了儿时的嬉戏

当我们去到另外的世界

母亲已经在那里多时

我们是否还能听到她在问

一如往昔

"孩子们都回家了吗？"

—

附　录

—

吸毒的症状

（供父母参考）

　　没有什么比滥用毒品对自律的破坏性更大了。无论采取什么方式吸毒，已经开始吸毒的青少年往往会突然对曾经努力过的所有事情失去兴趣。他们会荒废学业，放弃自己的爱好。他们常常衣冠不整，容颜憔悴。他们拒绝履行自己的责任，逃避那些需要付出努力的事情。他们与父母的关系迅速恶化，突然和朋友们断绝来往。很显然，年轻的吸毒者正踏着新的鼓点向前迈进，而灾难往往就在路的尽头等着他们。

　　为了帮助父母了解和认识子女可能存在的吸毒问题，我们特提供以下基本常识。不过，但愿你或你的孩子永远都不需要它。

吸毒的症兆

　　你的孩子如有下列8个方面的生理和心理特征，那就表明他可能已染上了毒品：

1. 眼睑和鼻子经常发炎。因使用毒品种类的不同，瞳孔要么变大，要么变小。

2. 在情绪和精神方面表现出两种极端。吸毒者要么懒散、阴郁、孤僻，要么大喊大叫、歇斯底里、躁动不安。

3. 食欲极端化。食欲要么非常大，要么非常小，伴随着可能的体重下降。

4. 性格突然发生变化。可能变得凡事漫不经心、糊里糊涂……或是好斗、多疑、暴躁。

5. 身体和呼吸道通常会散发出难闻的气味，或是不讲卫生。

6. 消化系统可能出现紊乱：腹泻、恶心和呕吐，常有头痛和眼花，身体状况变坏的其他迹象可能还包括肤色和身体姿态的改变。

7. 通过静脉注射吸毒的人，一个重要迹象就是身上有针眼，一般在胳膊上。这些针眼有时会感染，出现疼痛和发炎。

8. 道德观、价值观往往出现崩溃，原有的道德观、价值观被新奇、荒唐的思想和价值观取代。

每种毒品都会产生特有的症状，以上所列并非针对某种特定的毒品。那些怀疑孩子正在使用有害麻醉品（包括酒精和烟草）的父母应立即与家庭医生取得联系。

—

编后记

—

在我心爱的图书《勇于管教》面前，我是一名策划编辑，同时我也是一位母亲。掩卷而思，撰写《编后记》：关于图书策划，也关于一位温柔母亲勇于管教的心路历程。

我是《勇于管教》的策划编辑，喜乐的心灵溪流汩汩作响

作为一名曾经的编辑部主任，从我职业生涯起，经过我手而出版的图书和杂志的数量有点数不过来。但是，当我回首往事，在夜深人静之时，在我的心灵颤动着哭泣之时，我能无愧地感到骄傲和满足的，也就那么几种图书，而《勇于管教》以及《培育男孩》《培育女孩》是我心底里的至爱。

我来说说《勇于管教》吧。

作者詹姆士·杜布森博士名气很大，影响力巨大。杜博士是美国保护传统家庭价值观的勇士，美国《时代周刊》称他为"文化勇士"，《华盛顿邮报》称他为"美国社会中非常活跃的一位"。

《勇于管教》在1970年一炮打响，销量惊人，一时成为人人谈说的畅销书，直至今日，《勇于管教》在美国仍然是极具影响力的常销书，在美国的销量超过350万册，成为了20世纪欧美非常有影响力的家教书之一，1972年入选50本美国白宫图书馆特别陈列图书。

在美国，人们把杜博士的《勇于管教》看成响亮的号角，它唤醒了父母、教育家、决策者和文化勇士。杜博士认为自二次世界大战以来人们所相信的大部分育儿理论导致了1960年代"垮掉的一代"，致使社会秩序混乱。因此，他希望人们放弃这样的育儿理念。勇于管教的意思是，要勇敢地去管教，而不是怯懦地不敢管教。

《勇于管教》中文第一版，华东师大出版社自2009年出版以来，一共印刷了9次，不仅得到了中国父母的欢迎，而且正在改变我们思维含糊的教养方式，使得我们清楚我们应该以什么样的教养方式、什么样的管教之道来养育我们的孩子。

我们老同学之间经常说一句话——脑子清爽。杜博士《勇于管教》这本书便是如此，思路清晰，丝毫没有含糊其辞之处。

我是一位母亲，温柔而坚定地勇于管教

"可爱至极的宝宝呀，妈妈以后要管教你。"对此，妈妈们表示不太能接受。

我是一个温柔的人，我讨厌猛烈的事物，我也讨厌大嗓门，我更讨厌父母打骂孩子。

怀孕的时候，当听说以后我要对这个腹中的宝宝进行管教的时候，我的眉头皱了起来。那时我读到一本英文书，书中写道，当孩子挑战父母权威的时候，父母需要对他施以严正的"小小体罚"，我的内心在大叫——NO！不！

我的眼前出现的是一个可爱至极的宝宝，他是我的肉我的肝，我的妈妈就是这么叫我的，"妈妈的肉肉呀""妈妈的肝肝呀"，那么，我也会这么宝贝我的孩子，他肉嘟嘟的样子，走来走去，可爱极了。

这世间所有的爱都指向团聚，唯有父母对孩子的爱指向别离。那么，别离后孩子所踏入的社会，所走向的未来，意味着什么？

"这世间所有的爱都指向团聚，唯有父母的爱指向别离。"这句话，看哭了多少妈妈？

我们知道孩子长大就意味着别离，我们知道我们怀抱着的孩子，以后是要踏入社会走向未来的。但是，我们对于那条社会的大河、那个扑朔迷离的未来景象缺乏想象力，虽然我们觉得我们是有想象力的。

除了智力、财力、情商等因素之外，我们明白有一个因素很重要，那就是品格。被告知了无数遍：孩子踏入社会大河，做父母的需要将孩子塑造成为一个有良好品格的人，那么，当他踏入那条社会大河的时候，他会不畏惧、不焦虑地畅游在大河之中。

是的，我们的孩子应该具备这样一些品格：勇于挑战、承担责任、自律自尊、与人合作。我本来以为我们的孩子具有这样一些品格后，他就能在那条波浪滚滚的大河中游泳了，我本来以为这些品格就够了。

现在，我才知道，有一点特别重要的价值观被我们忽略了，那就是"敬畏之心"。一个能接受挑战、自律自尊、承担责任的人，他依然可能没有敬畏之心而"无法无天"的。

有人说，摇动摇篮的手，就是推动世界的手。而很多摇动摇篮的手，处于无心状态。

真的有点太看重母亲这个角色了，我们为人母亲的人，不能承受其重。我们只是在摇动摇篮，怎么就成了推动世界的人了呢？

有些孩子，父母教养不当，从婴儿期开始就是自己的主人。在他眼中，世界是以他为中心的，他是帝国中的皇帝。在儿童期，他对着父母发号施令，若世界不围着他转，他就乱发脾气。这，我们见得不够多吗？

常常会有任性的孩子又哭又闹，对着父母挥动拳头，激怒父母。这样的行为，有些专家认为是因为挫败感和内心不安全感，但，这不是最重要的，最重要的是，孩子是在试探"界限在哪里、界限是由谁来制定并执行的"。

父母要制定规则，告诉孩子界限在哪里。最主要的界限就是：对于孩子的"明知故犯"，父母要管教；尊重父母的权威，不可挑战。

很难做到！妈妈容易感情用事、失去原则；妈妈生怕管教孩子，会失去孩子对自己的爱。

对于我来说，管教孩子，困难在于"失去原则"。平时原则性挺强，但是，对着这么一个可爱至极的孩子，我失去了原则。

对于很多妈妈来说，管教孩子，困难在于"生怕严格地管教孩子，孩子会不爱自己"了。我曾经与很多妈妈交流，她们觉得管教会让母亲和孩子的亲子关系变得生疏，甚至敌意。所以，她们就在一次次可以施以管教的机会面前，蒙混过关，如此含糊不清的家庭教育理念，很容易导致孩子品格和价值观的混乱。甚至，有些妈妈会在孩子挑战大人的时候失去了威信，沦为对孩子言听计从的大人，失去了在孩子青春期进行引导的可能，要知道，一个不被孩子尊重的母亲，孩子怎么能听取她的引导？怎么会珍惜她的关爱呢？

实际上，如果你带着爱管教孩子，孩子非但不会抵触你，而且还会更爱你，因为你是一个传递爱、传递原则的妈妈。

杜博士为家长提供的管教五原则：

原则一：培养孩子对父母的尊重是儿童教育中一项至关重要的原则。

原则二：最好的沟通机会通常在管教事件后出现。

原则三：避免喋喋不休的管教。

原则四：不要让孩子陷入物质享受。

原则五：在爱与管教中建立平衡。

我们要成为勇于管教的妈妈

妈妈如何设定界限？如何应对孩子的挑战？如何在纯粹的爱中勇于管教？如何将爱与管教联手，培养出一个健康、礼貌、快乐的孩子？

妈妈如何帮助孩子应对挑战、承担责任、自律自尊、善于合作，而且有敬畏之心？

做勇于管教的勇士，是妈妈们需要迈出的第一步。

如果你家孩子尚小，那么正是管教的最好时机

《勇于管教》中文第二版，有多少父母正翘首期盼着呢！因为忙于各项事务，我将中文版权续约之事搁置好久，使得华东师大出版社不得不停止印刷。有好多认识和不认识的朋友来问，怎么《勇于管教》就买不到了呢？怎

么就只有网上高价了呢？我一看，吓一跳，网上《勇于管教》奇货可居，卖出了200元以上的价格。我和华东师范大学出版社学前少儿分社社长周颖先生和编辑孔灿女士一起努力，尽快将《勇于管教》中文第二版面世。

如果你家孩子尚小，那么正是管教的好时机。我们一起立志，成为勇于管教的父母。到那时，一个健康的、快乐的、有责任担当的、有敬畏之心的孩子长大成人了，我们站在他（她）的身边，为他（她）而感到骄傲。一个健康的、快乐的、有责任担当的、有敬畏之心的孩子是怎么长成的？因为我们做父母的在孩子尚小时就管教他了。

到那时，孩子会感谢我们的，因为我们的管教带着深深的爱！

特别感谢华东师大出版社王焰社长，2009年中文第一版的出版，得益于她的慧眼。值此《勇于管教》中文第二版出版之际，深表感谢。

钱红林

中国教育学会中小学德育研究分会常务理事

中国教育学会家庭教育专业委员会常务理事

北京市爱加倍关爱家庭促进中心创始人、总干事

策划译介杜布森博士著作共六部

2021年7月

（扫码关注视频号）